U0572570

长城文化在辽宁

辽西长城行

辽西古长城的历史记忆与文化传播

LIAOXI CHANGCHENG XING
LIAOXI GUCHANGCHENG
DE LISHI JIYI YU WENHUA CHUANBO

安　平　刁鹏柱　景雪峰　主编

辽宁人民出版社

© 安平　刁鹏柱　景雪峰　2023

图书在版编目（CIP）数据

辽西长城行：辽西古长城的历史记忆与文化传播 /
安平，刁鹏柱，景雪峰主编. —沈阳：辽宁人民出版社，
2023.10

（长城文化在辽宁）

ISBN 978-7-205-10930-1

Ⅰ.①辽…　Ⅱ.①安…②刁…③景…　Ⅲ.①长城—文
化研究—辽西地区　Ⅳ.① K928.77

中国国家版本馆 CIP 数据核字（2023）第 210257 号

出版发行：辽宁人民出版社

　　　　　地址：沈阳市和平区十一纬路 25 号　邮编：110003
　　　　　电话：024-23284321（邮　购）　024-23284324（发行部）
　　　　　传真：024-23284191（发行部）　024-23284304（办公室）
　　　　　http://www.lnpph.com.cn

印　　刷：沈阳百江印刷有限公司

幅面尺寸：185mm×260mm

印　　张：14

字　　数：50 千字

出版时间：2023 年 10 月第 1 版

印刷时间：2023 年 10 月第 1 次印刷

责任编辑：李翘楚

装帧设计：留白文化

责任校对：吴艳杰

书　　号：ISBN 978-7-205-10930-1

定　　价：80.00 元

总
general order
序

　　党的十八大以来，习近平总书记高度重视长城文化保护传承弘扬工作，多次作出重要指示。习近平总书记深刻指出："当今世界，人们提起中国，就会想起万里长城；提起中华文明，也会想起万里长城。长城、长江、黄河等都是中华民族的重要象征，是中华民族精神的重要标志。我们一定要重视历史文化保护传承，保护好中华民族精神生生不息的根脉。""长城凝聚了中华民族自强不息的奋斗精神和众志成城、坚韧不屈的爱国情怀，已经成为中华民族的代表性符号和中华文明的重要象征。要做好长城文化价值发掘和文物遗产传承保护工作，弘扬民族精神，为实现中华民族伟大复兴的中国梦凝聚起磅礴力量。"习近平总书记的重要指示，思想深邃、内涵丰富，为我们做好长城文化保护传承弘扬工作提供了根本遵循，指明了前进方向。　建设长城国家文化公园，是以习近平同志为核心的党中央作出的重大决策部署，是推动新时代文化繁荣发展的重大文化工程，也是保护传承弘扬长城文化的创新之举。

　　辽宁长城资源丰富，现存战国（燕）、秦、汉、辽、明五个时代的遗存，全长约2350千米，绵延分布于全省13个市。长城国家文化公园（辽宁段）建设，是我省深入贯彻落实党的二十大精神的一项重要工作，是我省"十四五"时期深入推进的重大文化工程，是我省文化事业发展的一件大事。省委、省政府高度重视这项工作，发布《长城国家文化公园（辽宁段）建设保护规划》；实施保护传承工程、研究发掘工程、环境配套工程、文旅融合工程、数字再现等五大基础工程；要求坚持保护优先，遵循文物保护规律，确保长城资源及其环境背景得到有效保护；注重工作统筹，把长城保护与环境配套、文旅融合、数字赋能结合起来；加强组织领导和政策保障，注重点面结合，确保长城国家文化公园（辽宁段）各项建设任务落到实处。

长城国家文化公园一个重要功能，就是把文物古迹、历史遗存中蕴含的思想理念、人文精神，生动形象地展现在人民群众面前，让人民群众了解长城文化、感受长城精神，让人民群众在参观游览过程中，潜移默化地接受中华传统文化教育。我省在实施研究挖掘工程中，明确把长城文化和长城精神研究发掘作为一项重要任务，认为这是所有长城保护、展示和利用工作的支撑和基础，应加强长城辽宁段文物研究、文化发掘和传承弘扬。在辽宁省长城国家文化公园建设工作领导小组统筹部署下，我们积极参与辽宁各地梳理长城文化资源，加强历史文化研究，努力形成一批专著、论文、研究报告等成果。本丛书就是落实这一举措的重要成果。希望这些成果推出后，能够有利于推动全省上下积极关注和支持长城国家文化公园（辽宁段）建设，形成长城文化发展更为广泛的共识，推动更多人一起来致力保护好中华民族精神生生不息的根脉，为辽宁振兴发展乃至中华民族伟大复兴提供不竭的精神力量。

目
contents
录

第一章

绥中蓟镇长城

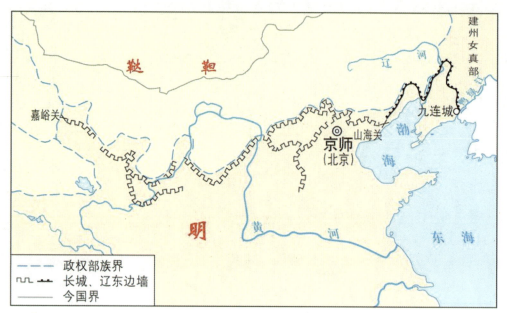

明长城古代地图

一、明长城

　　辽宁境内的明代长城，史称"辽东边墙"，是明代洪武年间开始陆续修筑的中国北方"九镇"（也称"九边"）长城防御体系中的重要组成部分和东起点，目前已被列入世界文化遗产名录，国家级旅游景区。明长城大约位于东经 119° 30′—125° 15′，北纬 40° 00′— 40° 55′，东起鸭绿江虎山，西至甘肃嘉峪关，从东向西行经 10 个省区市，总长 8851.8 千米。用材与秦长城相似，而区别于汉长城、隋长城。

　　2009 年 4 月 18 日首次公布的明长城数据显示，明长城东起鸭绿江畔辽宁虎山，西至北京居庸关，另修建祁连山东麓到甘肃嘉峪关。其中，人工墙体的长度为 6259.6 千米；壕堑长度为 359.7 千米；天险长度为 2232.4 千米。东部险要地段的城墙用条石和青砖砌成，十分坚固。因其雄伟壮观，与埃及的金字塔、印度尼西亚的婆罗浮屠和柬埔寨的吴哥窟，并称为"东方四大奇观"。

　　明代长城并非简单孤立的一线边墙，而是一系列布局科学严谨的军事防御体系，该防御体系以其复杂和艰苦的施工，严密而科学的战略布局，宏伟而坚固的建筑形制，把长城沿线的隘口、军堡、关城和军事重镇连接成严密的防御网，由点到线、由线到面，互为掎角，具有战斗、指挥、观察、通信、隐蔽等多重功能，并设军屯，配置常驻军队，既可发出预警，也可协同作战，堪称世界军事史上独一无二的存在。

蓟镇长城

　　蓟镇是明代镇守北部边陲的"九边"之一。据史料记载，在蓟镇辖区，从明太祖朱元璋时期就开始修建长城。当然明朝初期修建的长城并不是后来人们看到的样子，修建质量并不高，而且随修随坏。

　　到明代后期，由于国力衰退，北方游牧民族日益强大，为了防备来自北方的侵扰，开始大规模修建长城。这一时期，蓟镇迎来了一位著名的爱国将领——抗倭名将戚继光，长城的整体形象也因此发生根本性变化。

据《明史·戚继光传》记载，明隆庆五年（1571），继光巡行塞上，议建敌台：

> 蓟镇边垣，延袤二千里，一瑕则百坚皆瑕。比来岁修岁圮，徒费无益。请跨墙为台，睥睨四达。台高五丈，虚中为三层，台宿百人，铠仗糗粮具备。令戍卒画地受工，先建千二百座。[1]

戚继光针对长城屡修屡坏的状况，提出修建空心敌台的建议。蓟镇总督谭纶在奏疏中详细描述了戚继光空心敌台的设计方案：

"将塞垣稍为加厚，二面皆设垛口，计七八十垛之间，下设小门，曲突而上。又于缓者百步，冲者五十步或三十步，即筑一墩，如民间看家楼，高可一倍，高三丈，四方共广十二丈，上可容五十人。"当年的规划方案"每岁可造千座，每座费五十金"。[2]

就是以明代计价标准，每座敌台耗资白银五十两。同时在隆庆末年到万历初年，谭纶、刘应节与戚继光又提出了改造旧墙，修建包砖新墙的建议，《四镇三关志》万历六年（1578）载：

"新墙广高于旧墙，皆以三合土筑心，表里包砖，表里垛口，纯用灰浆，足与边腹砖城比坚并久，内应增台者即增之，外应削偏坡者即铲削之。"[3]

修建空心敌台，将长城内外包砖，这项改造工程最终达到的效果就是长城与内地的城池同样坚固。在戚继光担任蓟镇总兵的16年中，蓟镇长城的改造建设达到了高潮，共修建空心敌台1400多座，青砖包砌的长城蜿蜒曲折地穿行于崇山峻岭之间，后世人眼中巍峨的万里长城由此开始屹立在中华大地之上。

1.《迁安县志·职官篇·戚继光》。https://so.gushiwen.cn/guwen/bookv_9267.aspx（20230330）。

2.《请建空心台疏》。https://guoxue.httpcn.com/html/book/PWAZMETB/UYXVRNILKO.shtml（20230401）。

3.《四镇三关志》。https://xuewen.cnki.net/R2006063360014124.html（20230401）。

（一）明长城在辽西何处

2011 年发现的新绥中墙体，起自绥中县永安堡乡獐狼铳村沟外屯南岭山长城 1 段，终点在属南线的李家堡乡娄家沟村荆条沟屯荆条沟北山长城，与北线锥子山至金牛洞长城段的墙体平行。[1]

按照长城资源调查规范，此段长城分为 32 段，以石墙为主，又巧妙利用了獐狼铳南岭山自然山势，与北线长城遥相呼应，构筑了一道坚固的防御屏障。

参加长城资源调查的辽宁省考古专家王绵厚说，学术界及历史文献资料，对辽东镇长城中的辽西段与蓟镇长城西端接点问题说法不一。此段长城的发现，明确了以锥子山为分界的蓟辽长城，其山之南、西为蓟镇长城，东面为辽东长城。

蓟镇长城东起山海关、西至居庸关这段拱卫京师的长城因盘亘于燕山山岭间，易被山水冲垮，弘治、嘉靖年间分别在喜峰口至一片石，古北口黄花镇至居庸关段补砌山口水道，增筑塞垣，即建城墙下可过山水的水关。而辽东镇长城西接蓟镇长城，东至辽宁省丹东虎山长城，已知总长约 2350 千米。

辽西长城第一关堡"铁厂堡"即在此段南线长城内侧。根据文献记载，铁厂堡的修筑年代在正统七年，证明南线长城应属明正统年间，是辽东边墙第二阶段修筑的较早段落。考古专家王绵厚说：

> 北线长城内侧有永安堡和背荫障堡，永安堡首见于正统八年始修的《辽东志》；而背荫障堡，不见于《辽东志》，首见于嘉靖四十四年修的《全辽志》，故辽西绥中北线长城的修筑上限应晚于南线长城。

长城资源调查新发现的"野长城"很多由于季节更替、年久失修，其走向只是

---

1. 王军：《辽宁绥中境内新发现 20 千米长城遗址》。http://gj.yuanlin.com/html/detail/2011-5/11173.html（2023.03.25）。

隐约可见，但已经没有照片中长城的雄伟壮观。墙体两边杂草丛生，有的甚至高过了墙体。

为了防卫蒙古骑兵的南下骚扰，早在明太祖时（洪武二年，1369年）就修筑了从山海关到居庸关的长城。明成祖时，修筑了宣化一带的长城。辽东长城分别修筑于永乐、正统、成化年间。永乐时筑北镇至开原辽河流域长城；正统七年（1442）筑山海关至北镇辽西长城；成化十五年（1479）筑开原至鸭绿江辽东边墙，这段边墙长880多千米。15世纪后半期，鞑靼占有河套以后，明政府又大规模地修筑长城。成化十年（1474），延绥巡抚余子俊率领将士4万人，"依山形，随地势，或铲削，或垒筑，或挑堑"，修筑了东起清水营（陕西府谷）西至花马池（宁夏盐池）长885千米的长城。15世纪70年代，明朝军民又修筑了花马池以西到黄河的长城和山西北部的一段长城。16世纪初，修筑了甘肃境内黄河沿岸的一段长城（南至靖远），修筑了嘉峪关及其附近的长城。16世纪中期，修筑了山西、河北境内的内外两条长城和沿太行山南下的内三关长城，又修筑了一次山海关到居庸关的长城，修筑了兰州一带的长城。此外，小规模的修筑，随时随地都在进行，一直没有停止过。

明长城是明朝北方劳动人民前后花了将近二百年的时间陆续修筑起来的。山海关以西的明长城，大都用砖石砌筑，工程坚固，保存比较完好；山海关、嘉峪关东西对峙，气魄雄伟。山海关以东的辽东长城，分别用土筑、石垒、木柱、木板或利用自然地形筑成，工程比较简单，毁坏严重，现在仅存一些遗迹。

（二）故事：孟姜女哭倒"明长城"[1]

始皇修长城，劳役繁重，青年男女范喜良与孟姜女新婚刚刚三天，新郎范喜良即被征调去修长城，不久因饥寒劳累而死，尸骨被埋在长城城墙下。孟姜女身背寒

1.《今日辽宁–辽宁长城风云录⑧｜孟姜女哭倒长城的历史真相》。https://www.sohu.com/a/445264845_355221（20230423）。

衣，历尽艰辛，万里寻夫来到了长城边，得到的却是丈夫范喜良死亡的噩耗。她在城下痛哭，三天三夜不止，这段长城就此坍塌，露出范喜良尸骸，孟姜女安葬范喜良后于绝望中投海而亡。

虽然是故事，却有一个真实的原型，而且源自著名的编年体历史经典《左传》。《左传》记载，齐国将领杞梁为国捐躯，齐人载杞梁尸回临淄，杞梁妻哭迎丈夫的灵柩于郊外的道路。齐庄公派人吊唁，杞梁妻认为自己的丈夫有功于国，齐庄公派人在郊外吊唁既缺乏诚意，又仓促草率，对烈士不够尊重，便回绝了齐庄公的郊外吊唁。

后来，齐庄公亲自到杞梁家中吊唁，并把杞梁安葬在齐都郊外，杞梁墓在今山东淄博市临淄区齐都镇郎家村东。这段故事明文记载在《左传》中。如果杞梁妻就是这位孟姜女，那么按中国古代的姓氏制度分析，"孟"为大，她很可能是姜家的长女，故称"孟姜女"。

据说，齐国当年盛行一种名为"哭调"的习俗，女子的丈夫死在战场，当男子的战友将他的牌位带回时，其妻子哭着去迎接他的牌位。这一习俗发展到西汉时期就更复杂了，说是丈夫死在沙场上，他的妻子哭，上天都能感应到，甚至会出现倒城、破山等现象。西汉刘向编辑的《烈女传》中第一次记述了"崩城"，孟姜女哭长城的故事雏形正式出现。隋唐年间，有一种叫做"送衣曲"的声乐极其火爆，孟姜女"送寒衣"的内容随之产生。再后来的宋元明清，孟姜女的故事被继续加工演绎，并最终定型。

孟姜女哭倒的"秦长城"东段，基本在辽宁境内通过。仅以法库叶茂台西山、北山的半山坡上一条绵延数里的"土棱儿"为例，有的地段为压实的夯土，有的地段则堆积碎石。土

孟姜女哭倒长城

"哭调"习俗漫画讲解[1]

棱里外的山坡庄稼遍布，而在土棱之上却至多长点野草，连耐旱的苞米都不生。夏秋两季，土棱被满眼的绿意遮蔽，远观尚看不出轮廓；但一到冬季万物萧条时，土棱就在法库县的苍茫大地上凸显出自己与众不同的"身段"，若一条盘山绕岭的"黑龙"蜿蜒而去，飘飘洒洒地环抱住万里山川。

这土棱不知何年何月生，连世代居住于此的当地村民也说不清它的前世今生，索性就称其为"土龙"。当资深考古学者冯永谦先生亲自考察了土棱后，才揭开了惊人答案，"这就是两千多年前的战国燕长城，即后来的秦长城！"

长城是中华文明的象征，是国人引以为豪的骄傲，但千百年来，提及长城，人们就会情不自禁地想到北京的八达岭、河北的山海关、甘肃的嘉峪关。在辽宁境内，有关长城的记忆，至多停驻在丹东的虎山、绥中的九门口，谁能想到，远在辽北平原的寂寞山野中，居然绵延着一条比八达岭、嘉峪关、九门口长城辈分高得多的燕、秦古长城！

这自然引发出坊间的热烈探讨：传说中的孟姜女哭倒的长城，难道是法库叶茂台这道"战国燕长城，后来的秦长城"吗？其实不然，孟姜女的历史原型及后世的形象演化，哭倒的其实是"明长城"。

葫芦岛市绥中县碣石秦汉遗址群

绥中县碣石秦汉遗址群的海蚀柱遗址

1. http://iknow-pic.cdn.bcebos.com/622762d0f703918f1fc869e25f3d269759eec4f9。

的海蚀柱，当地人称为"姜女石"，还由此生出一景：姜坟雁阵。在河北省山海关城东约6千米的望夫石村后的山岗上，有座"孟姜女庙"。但是孟姜女哭倒的根本不是"秦长城"，而是"明长城"。为何出现如此大的偏差？这要从辽宁境内的10个时期的长城说起。

这10个时期的长城分别为：燕长城（分内外两条长城）、秦长城、汉长城（分前汉、后汉，即西汉、东汉两条长城）、西晋长城、北齐长城、北周长城、隋长城、辽长城、明长城。这10个时期的长城并非均自成体系，一些朝代的长城多有重合，如秦汉时代修筑的长城就多在战国燕长城的旧址上"重起炉灶"，但这种重合并非"完全的重合"，新朝对旧朝的长城不都是原样照搬，而是加以修补，在长城沿线增修了不少新的城堡、墩台。

到了明代，中央政权在北方的控制区域进一步内缩，传说中的孟姜女哭倒的八百里长城实际上是"明长城"，与从辽西、辽北穿过的"秦长城"相距四五百千米，实在是风马牛不相及！

二、京东首关：九门口长城

九门口长城

九门口长城位于绥中县李家堡乡新台子村。在行政划分上，归九门口长城葫芦岛市绥中县，葫芦岛市长城管理处管理，九门口村归秦皇岛市海港区管理（原是秦皇岛市抚宁县管辖，但2015年抚宁由县改区后，杜庄镇、石门寨镇、驻操营镇划给了海港区，归海港区管理），但其地理位置距离山海关较近，九门口距绥中 65 千米，距山海关仅 15 千米。

这段长城始建于北齐，扩建于明代，属于明代蓟镇长城的东段部分。《临榆县志》记载："（明）景帝景泰元年（1450），提督东京军务右佥都御史邹来学修喜峰迤东至一片石各关城池。"修城时因在著名的九江河河床上铺就了 7000 平方米的过水条石，故称"一片石关"。又因横跨九江河并筑有 9 座泄水城门，在城门之上建起巨大的水上城桥，而得名"九门口"，其雄居于天下第一关——山海关以北 15 千米处，是万里长城的重要关隘之一，历史上被称作"京东首关"。北有群峰屏列，南倚角山之阴，九江河、响水河汇合于此，万里长城枕山跨水蜿蜒北上。水上长城全长 1704 米，城桥长 97.4 米。9 座水门各宽 5 米，拱顶高 7 米。建有敌楼 4 座，围城 2 座。其建筑形式和军事防御设施为万里长城中罕见，更因其跨河而建成为万里长城之一绝。明代东阁大学士、兵部尚书孙承宗在考察九门口防务时曾赋诗：

> 山分一片石，水合九门口。
>
> 大堑开双阙，孤亭压五环。
>
> 倦飞怜弱羽，蹇步爱屏颜。
>
> 枕漱饶生事，高风不可攀。[1]

1985 年，辽宁省 12 家新闻单位根据邓小平 1984 年 9 月的题词"爱我中华，修我长城"，号召全省人民集资修复九门口长城，历经 4 年，九门口长城重新屹立于九江河口之上。功德碑上镌刻着集资的单位和个人姓名，碑的正面上方刻着"爱我中华，修我长城"几个金光闪闪的大字，使整座纪念碑像一艘战舰扬帆远航。

九门口是名副其实的水长城，也是万里长城中唯一的一段水上长城，其跨河墙

1. 好问网：《九门口长城》。https://www.haowenwang.com/show/542e5872cef2f0a6.html（2023.03.27）。

长达 100 多米。"城在山上走，水在城下流"，景色壮观，气势磅礴，自然和人文景观的结合堪称一绝。平时波澜不兴的河水静静地依偎在桥下，如明镜般倒映出桥墩修长的身影，而当山洪暴发，怒号着的浪涛从桥洞中喷薄而出，雷霆万钧中长城岿然不动。由于九门口处于拱卫山海关的关键节点上，其战略地位极其重要，自古以来为兵家必争之地，除了大顺军与吴三桂于此鏖战外，直系和奉系军阀也曾在这里刀兵相见。

（一）明长城隧道

九门口，是长城上的一个关隘。明长城自山海关开始向西北延伸，穿行于崇山峻岭之间，当它在辽宁省绥中县境内遇到九江河时，便纵身一跃横跨而过。工匠们先是在 100 米宽的河床上铺满大青石条，造就了一块超过 7000 平方米的大平台，因此得名"一片石"。明代以前，一片石是一条京—秦之间的交通要道。到了明洪武十三年，著名将领徐达奉旨修筑九门口段长城，竣工后，徐达大将军和设计师们根据九门口所处的险要地理位置，设计开掘出一条从长城内侧校军场，不经九门城

明长城隧道现入口

关，而秘密直通关外的山中暗道，这条坐落在长城下面山体中的暗道全长 1027 米。

隧道共有两个出口，一个入口。一个出口直对点将台，一个出口为一片石战场；一个入口直通关外。洞内有 29 个大小岩洞，分别为号钟室、卫生间（茅房）、禁闭室、中军室、水牢、存粮库、伙房、水井房、碾房、兵器室、练功房、炮室、刑具展室、驻军室、佛室、关公和山神祭拜室等洞室，暗道中既可以屯兵，又可由内城突发奇兵至攻城之敌后部，如神兵天降，暗道中可以驻扎约 2000 人，洞内设计了排水系统和通风孔，以保证驻扎在洞室中的士兵活动自如。

九江河上的过河桥独具特色，在百米宽的河道上，外用巨大条石包起 8 个楼形桥境，形成 9 个水门，所以此地又被称作"九门口"。九门口长城过河城桥下的宽闭河床全部用方正的大石块铺就，石与石用铁腰咬合，形成规整的石铺河床，望去犹如一片石，所以九门口长城又被称为"一片石关"。当地人曾有顺口溜形容此处地势险要，易守难攻——"十门少一门，门门断人魂，要想出一门，十人九断魂"。

九门口长城始建于 1400 多年前的北齐，后经明初大将徐达扩建，抗倭英雄戚继光也曾在此驻军修缮城垣。上城桥，映入眼帘的是围城，当地老百姓俗称它为

九门口水门

水牢，它具备两种功能，一是消灭来犯之敌，二是用来看守俘虏，可见当时工匠巧思。历史上的九门口长城经过几百年的风剥雨蚀，大部分已经倒塌。1986年以后，绥中县对九门口水上长城进行了多次整修。投资600多万元的九江河上游截潜和一片石古战场修复工程，再现了"城在水上行，水在城下流"的壮丽景观。

水上长城与隧道是九门口两大看点，巧夺天工的设计与施工令人叹为观止。不到长城非好汉，不看九门口最遗憾，它集雄、奇、巧、秀于一体，可谓是万里长城的精华所在。登上雄踞峰巅的烽火台，既可遥望浩瀚无垠的渤海，又可远眺砖石长龙辗转腾飞，还可俯瞰九江蜿蜒逶迤。

战争逸事使九门口长城更富传奇色彩，从而闻名于世。

2003年11月，九门口水上长城被联合国教科文组织列入世界文化遗产目录，填补了东北世界文化遗产的空白，成为了关外第一县——绥中县一张亮丽的名片。位于辽宁省葫芦岛市绥中县的九门口长城，是中国万里长城中首座水上长城，其建筑形式和军事防御设施在万里长城中实属罕见。

九门口，见证过历史的烽火硝烟，更彰显着民族的智慧和骁勇，它以雄浑之姿傲然挺立，每一个春秋都是风景。风景名胜九门口一带山势巍峨，巨石峥嵘，沟谷深邃，夏秋群峰叠翠。长城随山势蜿蜒起伏，逶迤北上，两侧山谷夹杂花木，特别是长城和自然景观的完美结合，更给九门口增添了色彩。2002年9月，九门口被评为世界文化遗产。

（二）故事：一片石大战

一片石大战，是公元1644年发生于山海关附近的 场战役，参战双方为清军、山海关明军和大顺军。此战后，清兵入关，建立清朝统治。

一片石位于今辽宁绥中县西35千米的九门口，是明代长城中最重要的关隘之一，位于辽宁与河北省的分界处，被誉为"京东首关"。

崇祯十七年（1644）阴历四月十三日，刚攻陷北京约一个月的李自成、刘宗敏亲自统率大军前往山海关，李自成另派明降将唐通率兵 2 万人从山海关北一片石出长城，夹击吴三桂；随行的有明朝太子朱慈烺和吴三桂父亲吴襄等人，李自成本人则率主力布阵于石河（今秦皇岛燕塞湖水库）。清兵自四月初九出发，四月二十日，清兵抵连山（今葫芦岛市连山区），吴三桂一再催兵，清兵知李自成军迫近山海关，日夜疾行，一日夜疾行百余千米，共行军 13 日。四月二十一日，李自成的大顺军与吴三桂于一片石、西罗城进行恶战，甫开战吴军小胜于西罗城，接着李自成军猛攻东罗、北翼二城。大顺军赴山海关的兵马约 20 万人；吴三桂与唐通的关、辽兵约为 5 万人；多尔衮所统满八旗、蒙八旗、汉八旗军队为七八万人，其中以多尔衮统领的满洲铁骑最强，兵马都披着甲胄，非常坚硬，百步之外无法洞穿。

阴历四月二十二日清晨，清军进至离山海关城仅一千米，吴三桂率轻骑寥寥数员，连夜飞奔至清军营垒，跪降于多尔衮。多尔衮当即"赐坐赐茶，面谕关门为第一功"，吴表示："倘若清军不愿助山海关明军，我也不愿返回山海关督战，李自成大军必在攻陷山海关后，一鼓作气攻向清军！"多尔衮、孝庄皇后、范文程、洪承畴于大帐议论片刻后，接受吴三桂跪求派出清军助战。多尔衮令吴三桂按满洲习俗剃头，许诺将皇太极女建宁公主嫁给吴子吴应熊。

阴历四月二十三日辰时，吴三桂军渐难支撑，据守北翼城的一支吴三桂军向大顺军投降，多尔衮在欢喜岭的威远台上观战，下令清军从南水门、北水门、关中门三路进关。清军在辰时进山海关以后，见大顺军从北山至海边排列成一字长蛇阵，多尔衮即令清军沿近海处鳞次布列，吴三桂军排列于清军的右边。此时大风突起，扬尘蔽天，对不熟悉山海关地理的大顺军极为不利，多尔衮乘势命八旗骑兵冲锋陷阵，万马奔腾，飞矢如蝗，大顺军虽拼死抵抗，但与吴三桂军已鏖战一昼夜，筋疲力尽，清军等于以逸待劳。未尾申时初，李自成的大顺军溃败，刘宗敏负伤，大顺军死者数万；牛金星在北京未领军前来支援李自成，也是大顺军败战原因之一。

李自成立马小岗阜上督战，见败局已定，下令撤退。有一僧人跪在他的马前说："执白旗的骑兵不是关宁兵，必是满洲兵，大王赶快回避。"李自成拨马就走。

当天，多尔衮封吴三桂为平西王，命他做先导，一路追杀，直扑京城。李自成大败，一怒之下，马前斩杀了吴襄，并将他的首级悬挂在高竿上示众，回师京城后又杀了吴家老少38口。阴历四月二十九日，李自成在北京称帝，次日，李自成离开北京，向西安撤退。前后仅42天。这是明清之际对局势转换产生重大影响的关键性战役，吴三桂与清联军的胜利，为清王朝入主中原开辟了道路。

1922—1924年，直奉两系军阀也在此进行拼杀。1929年9月，第二次直奉战中，张学良派郭松龄由九门口攻入关内，包围山海关直军，导致直军败北。

1945年8月29日，冀热辽八路军东进支队在司令员曾克林率领下从九门口出关，接管东北失地。解放战争时期，人民解放军也曾浴血激战九门河谷。战争的洗礼更为九门口长城增添了悲壮的历史文化色彩。1996年，九门口长城被公布为全国重点文物保护单位，2002年作为中国长城的一部分正式挂牌，被列入世界文化遗产。

三、三龙聚首：锥子山长城

锥子山长城

如果说九门口长城以水上长城著称，那么绥中境内的锥子山长城，则以其险要的地势、雄伟的景观，成为万里长城罕见的奇观。

锥子山长城，素有"辽西八达岭"之美誉，

始建于明洪武十四年，历经多年风雨侵蚀和多次战争洗礼，至今仍较为完好地保存下来，蜿蜒于燕山余脉的崇山峻岭之上，雄奇险峻，气势恢宏，尤其三面长城齐抵锥子山石壁间，形成了"三龙交会"的壮观场面。

锥子山长城修建工艺精巧，强度极高，是古代长城建筑的典范。被称为长城博物馆、中国最美野长城。

锥子山是辽宁省绥中县著名山峰，因山高陡峭，似锥子直插云天而得名。锥子山长城则因三面长城汇聚至此齐集上山，而被称为"三龙聚首"，向东直达辽宁丹东虎山长城；向南直达山海关老龙头；向西与万里长城接续直达嘉峪关、玉门关。站在锥子山峰顶敌楼举目眺望，似三条巨龙腾飞颇为壮观。

锥子山长城多采用石结构，或砖石合筑、或以山险为墙，各段紧密相连，却又各具特色：

蔓枝草，其名浪漫雅致，是锥子山长城一个重要关隘。长城由西山脊上走来，下到平地，又向东面的山顶升腾而去，景象十分壮观。同时，每隔百十米，就有一座砖筑方形的高大敌台，巍然屹立山头，互相声援，相映成趣，别有一番风姿。

石匣口，一个狭窄的谷口，地势险要，风光秀丽，保留着明代万历元年修筑长城时的摩崖石刻，石刻已经漫漶斑驳，尽显岁月的沧桑。

在永安堡乡河口村的东山上，有一个宽6米余、高2米多、进深约5米的向南开口的自然山洞，这是锥子山长城的东端终点，当地人称之为"金牛洞"。

万里长城作为重要的军事防御系统，一般都顺着山势而造，或乘势而上、或顺势而下，跌宕起伏。而长城到此就不再前修了，这里有一个美丽的传说。相传，当年修建长城时，城墙已经修了上万里，但不知道要修到什么地方为止。后来，梦到仙人指点，要照着老牛走的路修，它走到哪儿就修到哪儿。果然有一天，出现了一头硕大无比的老牛，从长城断处向东走去，修长城的民夫在后面赶修。后来，老牛来到河口村，过了石河就直奔岸边高山上的石洞。民夫把长城修到洞旁的绝壁之后，进洞寻牛不见，长城没法修了，所以这里就成了长城的终点，"金牛洞"由此得名。

锥子山长城被称为"万里长城上最美的野长城",位于辽宁省葫芦岛市绥中县永安堡乡与河北省秦皇岛市海港区驻操营镇交界地带的山梁上,全长22455米,有砖、石、山险三种建筑形式,有空心敌台42座、烽火台22座、马面4座、关隘6处、堡城1座及相关遗存4处。明长城在锥子山山顶呈"T"字形交会,东侧属辽东镇管辖,西侧属蓟镇管辖,南侧延伸至渤海之滨的山海关老龙头,集三道长城为一体,气势磅礴,"三龙聚首"的壮观景象为万里长城所独有。

锥子山长城分为蓟镇长城和辽东镇长城,其中,蓟镇长城始建于明洪武十四年(1381),由大将徐达奉命督造;辽东镇长城始建于明正统七年(1442),为辽东巡抚王翱奉旨筑造。

在锥子山的三面长城中,蓟镇长城是明代长城中最坚固、最雄伟的一段,其阳刚野性,高大雄伟,独具开山筑城的风格,有别于其他辽长城。蓟镇长城在绥中境内全长28.6千米,大部分保存十分完整,关隘、围城、敌台、便门楼、烽火台星罗棋布,墙体由千斤条石做基础,青砖包砌,白灰勾缝,城堞间平铺着白色方砖,垛口下有白色的石条装饰,远远望去宛然一条素雅的飘带。与此同时,其修筑工艺精巧,以雄伟、刚健、宏大、粗犷为特征,以气势取胜,强度极高,极具重要的考古研究和军事防御价值。

锥子山长城依山势和当地地名分为六段,依次为大毛山段、锥子山段、椴木冲段、蔓枝草段、石匣口段和金牛洞段。大毛山段长城基本呈东西走向,为蓟镇长城的主干线,是锥子山长城保存最好的段落之一。墙体多属砖石结构,其底部以条石为基础,城墙顶外侧为口,内侧为女墙,顶部铺砖,在陡坡地带砌台阶,在隘口墙内侧砌障墙。长城随山势起伏,高度、宽度不一。空心敌台为石基砖砌,有长方形和正方形不等内部为车棚式券室3个,6个拱券通道或回字形结构,上为穹隆顶,四壁开箭窗8个,顶部有铺房,上下层之间有楼梯。

锥子山长城作为中国古代重要的军事防御体系——万里长城的重要组成部分,是古代长城建筑的突出典范,是中华民族精神的象征,是中华民族文化遗产中一颗璀璨的明珠。虽历经战乱和多年风雨侵蚀，但仍较为完整地保存下来，是研究古代军事防御体系的重要实例，对于研究明代长城的功能和建筑思想有着重要的意义。

锥子山长城还有一部分较为独特的建筑——敌台。

锥子山长城敌台

在明早期的边墙建设中建造了一定数量的单层敌台，只为能够突出墙体部分用于三面打击来犯之敌。在戚继光就任蓟镇总兵后，通过引入其在台州的发明并加以改进，共创新建造起 1448 座空心敌楼。

在《四镇三关志》中记载，最初设计空心敌楼是为三层结构，一至二层为士兵生活、存放武器，顶层为楼梯出入口及砖木结构的楼橹并环以垛口，用于瞭望，目前存世不多，我们所见到的仅在蟠龙山有一处遗存。其余大多为双层结构或者像箭扣段中因地制宜的跃层样子。经历多年岁月流逝，现存保存较好的空心敌楼已所剩不多，根据《长城志》记载，大量有编号的敌楼多已坍塌或者仅存基址，即使我们走到那里恐怕也无法识别它最初的体貌特征了，所以我们需要尽可能地欣赏现存的敌楼，记录下它的样貌。

空心敌楼是中国军事防御体系特有建筑，承载着中国古代人民的智慧。首先敌楼形状，以因地制宜结合战略需要而建，有圆形、正方形、长方形及花家窑子长城中独特的平行四边形；其次敌台与边墙的关系，因空心敌台是后期加修，多为骑跨式的建设，也会因地制宜地修建在边墙外边或独立于边墙之处，如箭扣的将军守关；目前敌楼的构造，空心敌楼大多为砖石结构，底部首先会挖掘地基并以毛石找平，而后铺砌多达十几层大块条石打底后才开始砌筑青砖，以一丁一顺的形式至砖檐，最后砌筑隘口。内部大多为砖拱结构，也有少量木梁或砖木结合的方式，如沿字4号台，地面遗存柱础石，二层墙身有用于安放房梁的孔洞。所有砖石之间均以石灰填缝，内外之间填筑碎石并用三合土夯筑而成；而敌楼的券门与箭窗一样，多为拱卷形式，建制较好的敌楼券门以石材加工而成，拱券石以一整块或二至三块搓缝拼接（如卧虎山坍塌的348号敌楼，是一整块拱券石）以石灰填缝，在西沙峪段敌楼发现用大量铁片填充缝隙的现象；最重要的敌楼的箭窗，又叫眼睛，分单眼（又叫单孔楼）、双眼、三眼、四眼，最具特色的是宣府镇外长城的九眼楼，其中三眼楼建设数量最多。敌楼的顶部以砖檐与墙身分割，与边墙类似，多为双排顺边砌筑的口，这样的建设形式也与墙一样，其底部根基结构不牢固导致大量坍塌。顶部一般建有楼或楼梯出入口（楼梯分为石质、砖，也有需要软梯上下的），也有的只是个平台，地面为多层青砖铺砌，并只在关内方向安装吐水嘴，多为石质。

锥子山长城多采用石结构，或砖石合筑，或以山险为墙，是珍贵的古代建筑实物，修筑工艺精良，强度极高，具有重要的研究保护价值，此段长城与著名旅游景区山海关、九门口毗邻，直线距离约27千米。这段长城墙体多为石砌，部分地段为山险，沿线有多座砖砌空心敌台，保存较为完整，有带石雕花纹的券门和窗台石遗存。2006年锥子山长城作为第六批国家保护合并项目，归入国家保护长城。

锥子山长城不但雄伟壮观，而且长城文化厚重，堪称"天然长城博物馆"。在这里不仅可以看到保存比较完好的、变化多端的长城城墙、敌楼、烽火台等，走进锥子山长城或周边的敌楼中、荒野上，多

锥子山长城遗迹

处可见当年戍边将士们使用过的石炮、石雷、碗罐残片等，还可见开垦过的良田、石场、砖窑的旧址、坟茔墓冢等。特别是长城的文字砖、记事石碑，记载着当年修筑长城的年代，有过卓越贡献的人物。曹家房子屯南长城敌楼上，保存着"德州秋班营造"字样的文字砖，刻有"万历五年闰八月"字样。在椴木冲段长城敌楼内保存着由钦差巡抚辽东兵部右侍郎张学颜与镇守辽东总兵官左都督李成梁领衔的《椴木冲楼题名记》碑。这些文化遗产，为人们考察和研究长城提供了珍贵的实物资源。

第二章

蛰伏的巨龙：
辽东镇长城

在绥中西面起伏的燕山之巅，蛰伏着一条巨龙——明代辽东镇长城，又名辽东长城，系指明代辽东镇所属之长城，西起今山海关西北，东抵今鸭绿江西岸，是明代长城的重要组成部分。总长2350千米。

辽东镇长城一般分为三部分，即辽河西长城、辽河套长城和辽河东长城。行经葫芦岛、锦州、阜新、盘锦、鞍山、辽阳、沈阳、铁岭、抚顺、本溪、丹东等市。途经九门口长城、西沟长城、锥子山长城、小河口长城、永安长城、大毛山长城、蔓枝草长城、椴木冲长城、金牛山长城、石闸口长城、鸦鹘关长城、镇远关长城、留龙沟长城、辽河套边墙、虎山长城等段长城。

一、辽东镇长城概况

（一）辽东镇长城构成

辽东镇长城分布地区广，在长城沿线设有城关、边堡、墩台、敌楼、哨楼、便门楼、烽火台、战台等古代军事建筑物。有21个关城——九门口关、抚顺关、抚顺城、玖珉关、雅尔哈关、札喀关、鸦鹘关、黄土岭、牛庄城、分水关、大毛山关、宁远城、平定堡城、清阳关、魏家岭关、三岔关、镇南关、吾名口关、镇北关、新安关、镇远关；屯卫城（广宁前屯卫城管辖从铁厂堡的吾名口台起，至锦州营止，共二万五千二百丈，合一百六十八里的长城线）；宁远卫城（宁远卫管辖由黑庄窠西路口台起，至椴木冲堡小虹螺山台止，共二万九千四百二十一丈，合一百九十六里多的长城线）；中屯卫城（广宁中屯卫城与广宁左屯卫管辖大兴堡西接宁远卫椴木冲界起，至义州卫大定堡界止，共二万一千五百三十六丈，合一百四十三里半的长城线）；义州卫城（义州管辖由义州迤西大定堡西接广宁中、左屯卫所辖大茂堡界起，至广宁卫所辖镇夷堡界止，共二万七千六百九十九丈五尺，合一百八十四里半的长城线）；镇静堡（镇静堡管辖由镇夷堡西自义州卫大清堡界起，东至镇宁堡界止，共二百二十八里的长城线）；镇武堡（镇武堡管辖自镇武堡西界起，至西宁堡东界止，共一万七千七百五十二丈五尺，合一百一十八里的长城线）；海州（海州管辖自西宁堡起，至东胜堡止，共七千一百三十丈，合四十七里半的长城线）；辽阳副总兵；长勇堡（长勇堡管辖自海州东胜堡界起，至沈阳靖远堡界止，共一百七十里的长城线）；抚顺所（抚顺所管辖北自懿路三岔儿堡起，南至辽阳东州堡界止，共六千四百九十九丈，合四十四里的长城线）；清河堡（清河堡管辖自东州堡起，至孤山堡南界止，共一万六千二百三十六丈一尺，合一百零八里的长城线）；沈阳卫城（沈阳卫城管辖沈阳迤西自静远堡接辽阳长营堡界起，北至上榆林堡界十方寺界止，共九千七百五十丈，合六十五里的长城线）；蒲河所（蒲河所管辖蒲河迤西，南自沈阳上榆林堡界起，至懿路丁字泊堡界止，共五千四百丈，合三十六里的长城线）；开原参领（开原参领管辖自孤山堡南界起，至江沿台西界止，共一万三千零九十五丈，合八十七点三里的长城线）。[1]

（二）辽东镇长城简史

辽东镇长城开始修筑的时间并无明确史料记载。清人所编《明史》虽然对辽东长城语焉不详，但据康熙年间杨宾所著《柳边记略》中"（辽河套）明宣德以前皆属边内，自毕恭立边墙，遂置境外"，可知明宪宗在位时，定辽卫指挥毕恭开始修筑辽东镇长城，据此推断辽东镇长城应该是在1442年前后，明英宗时期开始修筑的。

辽东长城在明朝被称为"辽东边墙"。好好的长城为何被拆？随着清朝的崛起，辽东镇长城的防御功能逐渐消失。它在清朝人眼中成为前进略卜的绊脚石。他们开始从意识形态上有意无意地淡化这座"挡马墙"的存在，明朝苦心经营二百年的辽

1. https://baike.sogou.com/m/v10786300.htm?ch=frombaikevr&fromTitle=%E8%BE%BD%E4%B8%9C%E9%95%87%E9%95%BF%E5%9F%8E&vrid=70318300&entryScene=&jump_from=sogou-mobb-ba7c5aeabab9e58d&addressbar=hide&rcer=Q9PEmk2kVIvu-wIIl（20230203）。

东长城逐渐被统治者有意识地淡化了。在各种书籍中删除，并大力抹杀辽东长城存在过的历史，如《盛京通史》《读史方舆纪要》《柳边纪略》等书中对明辽东镇长城并不记载，在地图中不画出，只说"长城东尽处曰大龙头……士人呼为老龙头"。[1]

山海关的"天下第一关"匾额应当有着雄壮为天下诸关隘之冠的意思，后人见不到山海关以东还有长城，或者根本就没有机会见到，所以便理解为山海关是长城东边的第一道关口了。但是现实中，清政府给辽东镇长城改名为"柳条边"并加以利用。比如《盛京通志》中的《盛京舆地全图》，根本不提什么长城，只画出了"柳条边"。明代辽东镇长城的破坏始于明末。在万历末年，仅辽东"清河、抚顺数百里之间峰堠全虚，侦探尽绝，以故贼一入，如蹈无人……"。清朝入关进而夺取天下之后，清政府把辽沈地区、辽河流域、吉林部分地区看成是自己的"祖宗肇兴之所""发祥之地""我朝龙兴重地"。为了维护这个地域特殊性，严禁汉人和其他族人入内，便修筑起柳条边作区域标志。在禁区范围内，首先以明辽东长城为基础，加以修补，插以柳条，以作为禁区之标志，号称"柳条边"。[2]尤其是到了康熙年间，随着"柳条边"的出现，这座长城逐渐淡出人们的视野。清末，随着辽东大开发的进行，大量长城砖石被用来修房建院，几乎每一次垦荒的背后，长城便或多或少地要遭受一些损失。

被遗忘的虎山长城。辽东镇长城的东端起点——虎山长城几乎被遗忘，人们总是误认为山海关是万里长城的东端起点。其实早在《明史·兵志》中就曾有记载："元人北归，屡谋兴复。永乐迁都北平，三面近塞。正统以后，敌患日多。故终明之世，边防甚重。东起鸭绿，西抵嘉峪，绵亘万里，分地守御"，就已明确明长城"东起鸭绿江，西至嘉峪关"。直到 20 世纪 90 年代，文物考古部门发掘出虎山长城

1. 连达：《不一样的长城》。机械工业出版社，2021：62。
2. 明朝万里长城辽东镇部分与清朝的柳条边。https://www.toutiao.com/article/6782167463254557195/?app=news_article_lite&timestamp=1677654667&use_new_style=1&req_id=202303011511064A4FB15B923C9C1293C5&group_id=6782167463254557195&share_token=f371bd83-ad3c-40c2-afc8-3a6f6392b946&wxshare_count=2&source=m_redirect（20230301）。

南北连绵不断的长城墙体和墙基，最终经过罗哲文等一大批长城专家学者实地考察认定，万里长城东端起点为虎山长城。[1]

万里长城东端起点

（三）明廷防线

明初，被推翻的元朝统治集团残余势力仍在西北、东北进行顽固反抗，为了巩固地位，明朝政府开始在东北地区屯兵筑城。将东起鸭绿江、西至嘉峪关的长城设立9个防守区，俗称"九边"。辽东镇长城作为"九边"长城之一，处于"九边"长城的最东部，管辖东起辽宁鸭绿江西岸的凤凰城，西到山海关的长城。在明代"九边"长城防御体系中，辽东镇长城的作用不容小觑且具有特殊性，其重要性在于，辽东所处的地理位置十分重要，它自古以来就是造成中原动荡的主要策源地之一，永乐迁都北京后，辽东更是成为了"京师左臂"，成为明朝拱卫京师的前线；其特殊性在于，它不仅起到了同其他"九边"长城一样的抵御蒙古侵扰的作用，还担负起了抵御女真南下、维持中朝陆上贡道的作用。辽东镇长城不仅是明廷与蒙古游牧民互动的结果，也是明廷和女真族群等互动的结果。起初"拒胡"是辽东镇长城的主要防御目的，但后来随着外族建州女真势力在东北不断扩大，为巩固辽东地区的统治地位，明朝政府投入大量的人力物力修缮辽东镇长城的防御体系，直至建州女真所建立的后金政权越过鸦鹘关、清河堡攻入辽东镇腹地与明军共据辽东时，辽东镇长城才逐渐失去了它的军事屏障作用。在松锦战役之后，明王朝无力与清军

---

1. 虎山长城。https://baike.quark.cn/c/lemma/62731238298729#/index（20230306）。

较量，这时，辽东镇长城彻底结束了它的使命。[1]

（四）长城的修筑

长城是中国古代劳动人民智慧的结晶，凝聚了几代人的智慧与付出。长城作为中华民族的象征，藏匿着许多我们未知的谜团。对于长城的修筑人们存在颇多疑惑：绵延千里的辽东镇长城是如何修建的？修筑长城需要多少人力物力？长城为啥坚不可摧，至今未倒……

走进明代，走进辽东长城的修筑。明代辽东镇长城的修筑借鉴了先前两千多年的丰富经验。从布局上看，借鉴了秦始皇修筑万里长城时就总结出的"因地制宜，用险制塞"的重要经验，并且这条经验被司马迁写入了《史记》之中，成为之后每一个朝代修筑长城的重要原则。"因地制宜，用险制塞"的方法不仅可以控制修筑过程中的风险，还可以节约大量的人力和物力。凡是修筑关城隘口都是选择在两山峡谷之间，或是河流转折处，抑或是平川往来的必经之地，以达到"一夫当关，万夫莫开"的效果。从墙体的修筑来看，更是充分地利用地形，辽东镇长城有一种叫山险墙、劈山墙的就是利用悬崖峭壁，稍微地把崖壁削一下就成为长城。从建筑材料和建筑结构来看，以"就地取材、因材施用"的原则，创造了许多种结构方法。

有夯土、块石片石、砖石混合等结构。夯土在长城城墙的修筑过程中很重要，制作比泥土还要坚

辽东长城的修筑

1. 明朝九边重镇辽东镇的前世今生以及它的作用。https://m.toutiao.com/is/S2R2LTW/（20230304）。

硬的泥块，然后将其放在城墙外侧。城墙的外侧则是放置青石砖。只有在双重加固下，才会让城墙变得更加坚固。除此之外，还需要用到由糯米、熟石灰和石灰岩混合制成的特殊混凝土，可以起到一定的黏合作用。这是长城坚不可摧、依旧巍巍而立的原因之一。修筑长城的人力资源来自以下几个方面：第一是戍防的军队，这是修筑长城的主要力量；第二是强迫征调的民夫，这是修筑长城的重要力量；第三是发配充军的犯人；第四是历史统治者为了征调修筑长城的劳力，还巧立了许多名目，强迫人民去修筑长城。长城上的一砖一瓦一土一石都浸透了中国劳动人民的辛劳与汗水，凝结着中国古代人民的智慧。[1]

走出 102 国道，远远地便可看见那条古朴而神秘的巨龙，在经受五百年的风吹雨打、沧海桑田后，它依旧威严高大，如勇士般孤傲地仗剑而立。残破的城墙是岁月的伤痕，倔强的它似乎在努力地向世人述说当年的苦楚。长城虽破，风骨犹存。西沟长城是保存最为完好的一段，西沟长城脚下的人家开起了农家乐，让前来的游客感受这里的质朴民风，为他们讲述长城故事。最陡峭雄伟的锥子山段，是那一带的最高峰，敌楼建在高耸的悬崖上，十分惊险。

（五）播长城文化，扬长城精神

文化是民族的血脉与灵魂，文化越来越成为民族凝聚力和创造力的重要源泉，越来越成为综合国力竞争的重要因素。长城文化是中华优秀文化的重要组成部分，传播好、继承好、发展好长城文化，有利于进一步增强我国的文化自信，提高我国文化的国际影响力，让世界了解长城文化，领略中国古人的智慧。2021 年，辽宁省长城国家文化公园建设工作领导小组印发《长城国家文化公园（辽宁段）建设保护

---

1. 修建长城的劳力从何而来？关于长城修建的那些事儿。https://www.toutiao.com/article/6693319858861376004/?app=news_article_lite&timestamp=1677680644&use_new_style=1&req_id=202303012224036AD2DEC49E342120F319&group_id=6693319858861376004&share_token=ec6495c0-e37f-46f7-9177-70e354065482&wxshare_count=2&source=m_redirect（20230306）。

长城国家文化公园

规划》，规划提出，到2023年，丹东段、绥中段、兴城段、建平段、锦州段5个重点区段的主要建设任务基本完成，各类型长城博物馆、长城风景道、长城标识系统、长城数字云平台等重点任务、重大工程、重要项目基本落地并投入运营。这一系列措施都很好地保护了辽东镇长城文化，为其传播奠基，有利于弘扬自强不息、坚韧不屈、众志成城的伟大长城精神，促进社会精神文化发展。

二、塞外老兵——前所古城

前所古城全称"中前千户所"，简称"中前所"，原称"急水河堡"，1931年改现名前所古城。始建于明宣德三年（1428），距今已有595年的历史，是昭勇将军叶兴所建的千户所。前所古城位于今辽宁省绥中县城西44千米的前所镇，西距山海关18千米，南临渤

前所古城

海，北依燕山。前所城是关外第一所城，扼据要冲，形势险要，明清交战时，明朝派总兵在此把守。明代的辽东镇防御体系有127个千户所，前所古城是辽宁现存最完整的"所城"。它是昔日的军堡、旧时的要塞、历来的兵家必争之地。前所城坐北朝南，略呈方形，东西长510米，南北宽502米，墙高10米（现高8米），墙基6.3米，顶宽5.3米，设3个城门，无北门。上建真武庙，已毁于兵火。各城门原建有罗城（又叫瓮城），现唯有西门罗城尚存。1988年，前所城被辽宁省政府公布为省级文物保护单位，2006年，被国务院公布为国家级文物保护单位。

（一）前所古城的构成及建筑风格

前所古城设有3个城门，分别是东门定远、南门广定、西门永望，三门之上镶嵌青石门名题额，为满汉两种文字写成。无北门，城北正中有一座台基，墙体正中镶有石匾，刻"中前卫"3个字。西门瓮城呈半圆形，瓮城又叫罗城，其作用是形成一个缓冲带，便于备战。城墙为外包青砖，中间夯黄土修筑，城墙四角有凸出墙体。城门用青砖做六丁六横拱券法砌筑，石灰填缝，门洞高达6米，在经历了580余年的风吹雨打后仍然坚固如初。墙西的强流河流绕城而过，蜿蜒清澈。前所古城内道路布局井然有序，始终保持原始面目，以鼓楼为中心分为南、北大街，东、西大街，其十字形街道贯穿各巷。古城内的胡同有东门里南头条胡同、西门里南二条胡同、东门里北头条胡同、西门里北头条胡同、东门里北二条胡同、城隍庙胡同等。古城内有一条历史文化街，历史建筑集中成片，真实体现了传统格局和历史风貌。另外，以古城中心街的钟鼓楼为中心，东西南北4个方向为轴，分布着4个街道和11个主要胡同。在它们周围遍布10多座庙宇，各类建筑有教场、军屯粮储仓、老邮局、老供销社、太和商行等，还有天主教堂、百年老民宅、古老的四合院等。[1]

---

1. 辽宁绥中县前所古城：兵家必争之地的山海关外第一城。https://baijiahao.baidu.com/s?id=1695628084216373107（20230304）。

前所城的一城、三门、十字街、四周护城河，体现了明代所城修筑的基本格局，代表了明末清初辽东军事防御建筑的风格和水平，现存城墙、城门是反映明代所城的重要文物，具有明显的时代和地域特征。

（二）兵家必争之地

岁月如梭，时节如流，俯瞰过往，一场场战争于此发生。前所是一座烽火硝烟年代的重要隘口和沧桑古城。它缺乏明清古城的厚重与文化，亦无江南小镇的娇柔与风情，只是护卫中原的一个普通哨所，是江山落定后在一片歌舞升平中遗弃在塞外民间默默无闻的老兵。没有丰碑立传，没有光环照射，更没有闻名遐迩和游人如织，就让我们穿越时空隧道，慢慢在黑白两色的浓淡间去发现和品味它那残破之美的魅力吧。

前所古城在明清时期被称为"中前所"，为军事要地。在明朝嘉靖三十九年（1560），兀良哈万余骑侵扰中前所，在众寡悬殊的情况下，守城明军进行了坚决抵抗。最后城被攻陷，百户武守爵、黄廷勋战死。明万历十一年，鞑靼与兀良哈两支

前所古城在明清时期被称为"中前所"

武装联合侵扰，中前所、高岭驿一带深受其害，蓟、辽两镇明军共同出击，将其击退。崇德八年（1643），清世祖派郑亲王济尔哈朗和阿济格征明宁远城（今兴城）。攻陷中后所（今绥中城）、前屯卫城、中前所城等诸城，为清军入关扫清了道路。明崇祯十六年，清派大军夺取中后所、前屯卫、中前所三城。清军以凌厉的攻势于9月25日攻下中后所，占领前屯卫。中前所守城总兵黄色自以为不敌，遂率军撤入山海关，清军兵不血刃地占领了中前所城。

前所狼烟

眺望高台筑小圆，只因备敌设狼烟。

关防海甸临江左，卫守台邦扼所前。

半刻军情传万里，一时国计裕千年。

边疆自此无烽火，愧煞骊山买笑颜。

这首《前所狼烟》的诗，是清人对要塞前所古城的真实描绘。

前所古城作为明代所城的典型代表，见证了明代中晚期辽西地区的军事活动，有着极高的历史研究价值，为辽宁省重要的文物保护单位。

此后的300年间，前所城曾经于1900年10月至1902年9月被八国联军的俄军占据；1924年第二次直奉战争中，奉军也曾把前所城作为攻击山海关的重要阵地；1931年九一八事变后被日本帝国主义统治了14年，饱经战乱与殖民统治之苦。

1945年8月29日，中国共产党领导的冀热辽军区第十六军分区先遣部队到达前所城，前所城成为日本宣布无条件投降后东三省第一座被收复的城镇。如今站在前所古城之上，手抚青砖，足以触摸到历史与岁月的厚重。历史硝烟散尽，城墙身影寂寥，如同一个被遗忘的老兵，没有树碑立传，没有荣耀光环，更没有后世景仰与游人如潮。这苍凉的古城，只是在瑟瑟朔风中诉说着往日的荣光。[1]

（三）古城名人

1. 昭勇将军叶兴

叶兴，明宣德正统年间著名边将、前所古城的创建者。明宣德三年（1428），辽东总兵官巫凯与都御史包怀德为加强前屯卫的防御，请准在原杏林堡（今绥中镇址）、急水河堡（今前所古城址）修建城垣。时任前屯卫指挥的叶兴支持建城，他领受了率关内官军在急水河堡建城的命令。此后，叶兴亲自勘查地址，参与主体设计，监管建筑质量。历时两年，于宣德五年（1430）筑城完工。

中前所城建成后，朝廷在此设置"中前千户所"，简称"中前所"，归前卫屯管辖。此后叶兴因功三次升迁，宣德十年（1435）七月，升任辽东都司都指挥佥事。在一次行军途中，都指挥佥事叶兴及指挥同知李宣、指挥佥事张能等40余人与大股蒙古侵扰者遭遇。两军拼杀，战况惨烈。由于寡不敌众，叶兴在奋勇拼杀中壮烈殉国。叶兴之死，边境震动，朝廷哀悼，"褒赠一秩（赠昭勇将军），谕祭于家"。其遗骨安葬在绥中沙河镇叶氏墓园，该地因此而得名为叶家坟村。[2]

2. 抗倭名将张铁

民族英雄戚继光曾在台州抗击倭寇，名震海内外，但却鲜有人知，当时还有一位抗倭名将张铁就出生、成长在前所古城里。张铁（1504—1566），字宠之，别号剑崖。少年习武，善于骑射，又博览群书，文武皆通。嘉靖二十三年（1544），张铁高中武科探花，被授予台州卫兵马指挥（正六品），在海宁统兵；出任温、处（今温州、丽水）参将直至病退告老归乡。在此期间，是张铁在军事斗争生涯中最

---

1. 葫芦岛市人民政府台湾事务办公室：历尽沧桑今犹在—探访前所古城。https://gd.huaxia.com/c/2021/09/07/760569.shtml（20230204）。

2. 绥中门户网：绥中历史名人—前所古城的创建者昭勇将军叶兴。https://mp.weixin.qq.com/s/PgtPVJ1vBtGVRKq WqWBwXw。

辉煌的时代，他护卫了温州等地百姓的安全。《温州地方志》记述他"用兵如神"，赞美他的军事指挥才能。温州老百姓在各地立张鈇祠庙达 5 处，以感激他抗倭的重要贡献。[1]

（四）故事

公元 1398 年的某一夜，燕王朱棣做了一个梦，梦见太祖皇帝将一个大圭赐给了他。在古代，大圭象征着权力，朱元璋将大圭赐给朱棣，意味着要将江山送给他。朱棣醒来以后正在回忆梦中的情景，忽然有人报告说家中的孙儿降生了。他马上意识到梦中的情景可能会印证在这新降生的孙子身上。他跑去一看，只见小孙子脸上一团英气，长得非常像自己，心里非常高兴。这件事对朱棣下决心发动靖难之役起到很大的作用，而这位应梦而生的孩童就是宣德皇帝朱瞻基。宣德皇帝在位十年，史称"仁宣之治"，史学家们评价为"功绩堪比文景"。宣德年间的另一代表作，素有"关外第一所城"的前所古城，离东戴河很近，只有 10.5 千米。随着历史的长河回溯，明朝在关外曾建有 125 座所城，前所城是唯一完整保存下来的所城。

（五）保护与发展

长城是古代留下的建筑文化遗产，是中国人的骄傲，我们每个公民都应担负起肩上的责任，保护好长城。近年国家对长城的保护越来越重视，制定了专门的法律法规。《长城保护条例》经 2006 年 9 月 20 日国务院第 150 次常务会议通过，自 2006 年 12 月 1 日起施行。为了加强对长城的保护，规范长城的利用行为，根据《中华人民共和国文物保护法》制定该条例。该条例所称长城，包括长城的墙体、城堡、关隘、烽火台、敌楼等。2021 年，辽宁省长城国家文化公园建设工作领导小组印发《长城国家文化公园（辽宁段）建设保护规划》。葫芦岛市对市政协

---

1. 前所古城的抗倭名将。https://m.thepaper.cn/baijiahao_9060654。

六届四次会议《依托长城资源 促进文化旅游开发》提案的答复中提到,现《省"十四五"时期文化保护传承利用工程项目储备建议表》中,我市有2个重大项目、4个一般项目,在全省项目中占比较多、资金量最大,资金量达到3亿元的总量,按照国家要求,到2023年底将基本完成国家确定的长城国家文化公园重点项目建设工作。我市已将长城国家文化公园(葫芦岛段)建设工作纳入重要议事日程。我市具备长城资源的兴城、绥中、连山、南票4个县(市、区),都高度重视长城国家文化公园的规划和建设工作,在成立了由主要领导挂帅的推进国家长城文化公园项目建设工作领导小组后,都在积极深入落实国家、省、市长城国家文化公园建设工作领导小组的工作部署,把长城国家文化公园项目建设作为重点项目来抓,深入挖掘长城文化价值、景观价值和精神内涵,统筹推进项目建设,举全县之力将长城国家文化公园项目建设打造成精品工程。前所古城所在的绥中段部分提到,绥中境内的长城共有131.8千米,包括蓟镇长城和辽东镇长城两部分。其中,蓟镇长城28.6千米,辽东镇长城103.2千米。与长城相关的全国重点文物保护单位4处,分别是万里长城—九门口、锥子山长城、中前所城、顺山堡烽火台。另有三台子烽火台、松岭子长城1段、将军石摩崖石刻、永安堡城等17处省级文物保护单位。现已将长城国家文化公园建设项目纳入了"十四五"规划纲要和2021年重点项目库,政府投入500余万元编制项目总体规划,并委托具有文物保护工程设计资质的单位编制了抢险加固方案。

2021年实施国家级重点建设项目1项,即绥中长城博物馆建设项目,预算投资1亿元,现已完成项目选址及地面附属物核量工作,项目计划书业已编制完成。实施省级重点建设项目2项,分别为锥子山长城景区旅游公共服务设施建设项目,预算投资2500万元;前所镇文化保护传承利用工程(基础设施建设项目),预算投资2500万元,项目计划书均已编制完成。实施的文物本体保护维修项目2项,分别为中前所城西墙北段保护修缮工程,预算投资550万元;将军石摩崖石刻修缮前期勘察研究工程,预算投资72万元,设计方案编制完成,待通过辽宁省文物局评审后实施。同时政府投入专项资金编制了长城国家文化公园（绥中段）、九门口长城景区 AAAAA 级提升建设项目、前所古城文化景区产业培育建设项目等 3 项总体规划，并对绥中长城博物馆建设工程、锥子山长城景区旅游公共服务设施建设项目、小河口长城景区旅游公共服务设施建设项目和长城沿线村落环境整治项目等 7 项工程进行了包装设计。[1]

三、出关之孔——广宁前屯卫

广宁前屯卫，明代军政机构。明洪武二十六年（1939）置，治所在元瑞州城（今辽宁绥中西南前卫），隶属辽东都司，下令中前（今辽宁绥中西前所）、中后（今辽宁绥中）二千户所。该卫地处都司西端，当管道之冲，为出关之孔道。[2] 广宁前屯卫位于关外第一县——葫芦岛市绥中县，简称前屯卫。它是山海关外第一卫。绥中古称杏林堡，明宣德三年改为广宁前屯卫，中后千户所，清初改为中后所，光绪二十八年（1902）建县，改称绥中。前屯卫（今前卫）是辽东（明代对山海关以东地界的称谓）五大屯兵卫、25 个卫的第一卫。下辖东、南、西、北、中和中后所及盐厂、铁厂两个百户所。卫内屯兵 6500 人。[3]

《明史》（卷四十一·志第十七·地理二）载，"广宁前屯卫（元瑞州，属大宁路）。洪武初，属永平府。七年七月，州废。二十六年正月置卫。西北有万松山。北有十八盘山。西有麻子峪，有铁场。东南为山口峪，有盐场。东北有六州河，下

1.《依托长城资源，促进文化旅游开发》。http://whly.hld.gov.cn/zwgk/xxgkml_7687/fdzdgknr/jyta/202107/t2021 0727_1057715.html（20230310）。

2. 广宁前屯卫 # 小程序 :// 搜狗百科 /x5DzKwdgFB9N18A（20230310）

3. 卫城风云——一段鲜为人知的前卫镇历史 https://mp.weixin.qq.com/s/f0efHO80Fxet7l4zm17ltw（20230310）

第二章 蛰伏的巨龙：辽东镇长城

流至蛇山务入海。西有山海关，与北直抚宁县界。又有急水河堡，宣德五年正月置中前千户所于此，辖山海东关至高岭驿。又东有杏林堡，宣德五年正月置中后千户所于此，辖沙河驿至东关驿。东距都司九百六十里。"

（一）外观

前屯卫设有东、南、西3座城门。东门称崇里（东关），南门称迎恩（南关），西门称宁武（西关）。北面有上帝庙，中间是鼓楼。前屯卫呈正方形，据史料记载，城高三丈，周五里三十步。

（二）历史名人

1. 怀远将军黄宁

黄宁，字靖之，号涌泉，明弘治至嘉靖间军户，籍广宁前屯卫，封怀远将军。始祖黄旺明初从军，任威武卫指挥佥事，不久奉调广宁前屯卫，创建前屯卫治。后历黄渊、黄钟、黄钺五世而至黄宁。弘治间，黄宁曾率步骑军追击袭扰者至边外20里之歪头山（今大台山西歪脖山），升指挥同知。正德间，任中后所、塔山等地提调，曾奋勇追击袭扰者到辽东长城边外麻林冲。此后黄宁奉派先后负责屯田、监督筑城工程和掌管前屯卫的事务。王敬宗撰《中前所玄天上帝庙碑记》中，载有黄宁继张渊后任中前所指挥，并修建完成中前所玄天上帝庙。[1]

2. 明代前屯卫杨门英烈杨镇与杨镇之子

屡膺重任的京营都督杨镇，字三山，前屯卫杨茂之子，杨家第五代。其墓志铭称：总镇蓟辽、为国家元勋。明武宗正德十年（1515），兀良哈三卫人侵袭高台堡。当地百户宗益、申玉疏于防守，造成损失。幸得前屯卫备御都指挥张玉和守备指挥杨镇赶到，未造成更大损失。朝廷下令将宗益治罪、申玉罚俸三月。正德十六年，

1. 绥中历史名人之——怀远将军黄宁。https://mp.weixin.qq.com/s/EVfqGhCvP_2JtdNlf6xeOg（20230309）。

杨镇由广宁卫都指挥佥事升任辽东游击将军，后又提升为辽阳副总兵都指挥同知、署都督佥事挂印代理总兵官镇守辽东。

嘉靖五年（1526），副总兵杨镇为都督佥事代辽东总兵。嘉靖十一年，镇守蓟州总兵官杨镇被御史孙锦以其贪污不法弹劾。卒年不详，后绥中高岭镇陡坡曾有其碑。

血战尽忠杨维藩，杨维藩（？—1565），杨镇之子，少年投军，自立墓碑明志。先任蓟州指挥佥事，三河守备，后任辽东长营堡（今辽中）备御，精于防守，指挥部下挖"赚坑"（陷阱）多有效果，辽东巡按御史李辅在上奏皇上的《条陈辽东八事疏》中说："游击杨维藩之备御长营堡，皆用此计以保全之功。"嘉靖四十三年，调任镇武堡（今盘锦高升镇）游击将军。嘉靖四十四年，土默特骑兵万余入侵，血战多时，杨继藩体力不支，面中两箭，奋力杀出重围还营，数日后去世。皇上下令褒奖：其子加升世袭三级，给银四十两安葬。修祠纪念。后安葬于前屯卫长脖岭南（高岭杨总坟村北）杨家墓地。前屯卫立祠，有碑记："愤然赫然，浩不可屈，虽死犹不死"，今盘锦高升镇存得胜碑记之。[1]

3. 五挂将军印总兵官朱梅

乱世出英雄，在那个风云际会的年代，有一位战功和声名都不小的将军，朱梅将军。朱梅，生于明万历年间，字海峰，辽东广宁前屯卫（今绥中县前卫）人，自幼参军，是土生土长的本地将领。朱梅是坚决的主战派。天启六年（1626），朱梅任副将，协助袁崇焕击退努尔哈赤，取得宁远保卫战胜利。天启七年（1627），又随袁崇焕击退皇太极侵犯，取得宁锦大捷。崇祯三年（1630）正月，朱梅负责镇守山海关。他进一步整饬边关，采取安抚百姓、修筑防御工事、屯田征兵等行动。又多次击退后金军队进攻，并成功收复建昌营、迁安。袁崇焕被诬致死后，朝廷内外

1.【老家绥中】（22）——明代前屯卫杨门英烈。https://mp.weixin.qq.com/s/MYkwj4mkeD–j5eWazehdmQ（20230309）。

多人推举朱梅统领辽东，被他拒绝，后告老还乡。[1] 他身经百战，战果累累。朱梅一生五次挂将军印，从天启元年到天启七年的短短 7 年内，他就升为游击将军、参将、副将、总兵，并挂征辽前锋将军印。朱梅虽战功显赫，但他从不居功自傲，他向来淡泊名利。崇祯十年（1637）春，朱梅因病在家乡逝世。皇帝得知消息，下旨厚葬朱梅，并命人以自己的名义拟写诰文，祭文称："帷尔勇略素优，忠诚独抱，戎行奋武，累立奇勋。授阃专征，百经血战。至于解围宁锦，克服建、迁，壮山海之厄防，屹长城于万里。"高度评价了朱梅戎马一生的功绩，甚至把他和古代名将马援、郭子仪相提并论，还加赠他太子太保、特进光禄大夫，这在明朝武将中可谓是仅次于王侯的封赠了。[2]

4. 引清入关的吴三桂

吴三桂（1608/1612—1678）字长伯，广宁前屯卫中后所（今辽宁绥中）人，明末清初著名的政治、军事人物。锦州总兵吴襄之子，辽东前锋总兵祖大寿外甥。他出身将门，善于骑射。崇祯年间考中武举，屡立战功，累迁宁远团练总兵。崇祯十七年（1644）李自成攻陷北京后，吴三桂归降清朝，参加山海关大战，大败李自成，跟随清军入关，做了清朝的奴才，受封平西王，镇守云南，后又引兵入缅甸，并在云南杀了南明永历帝。于 1673 年因不满朝廷撤藩而叛清，发动了"三藩之乱"。1678 年吴三桂在横州（今湖南衡阳）登基称帝，国号大周，同年秋病逝。

（三）广宁前屯卫简史

前屯卫的收复：赵率教带 38 个家丁收复前屯卫。天启年间，辽阳被后金军攻破，绥中地区面临的主要敌人就是后金女真人。《明史·高淮传》记载，明代万历

---

1. 这位辽东守将，曾大败努尔哈赤皇太极，但今天最出名的是他的坟墓。https://mp.weixin.qq.com/s/wpPpmsL2iHwDoeNwmI14HA（20230309）。
2. 寻明记（五十一）辽东镇葫芦岛市绥中县山海关总兵朱梅墓。https://mp.weixin.qq.com/s/OKhOZWjEbsjNcq0ey7ROgw（20230309）。

三十六年（1608）四月，高淮家丁吴景相在广宁前屯卫（绥中前卫）发放劣马、扣除军粮，剥夺士兵 1.6 万余两白银，引起军队哗变。将士们高呼"誓食淮肉"。同年农历六月，锦州、松山守军不满高淮克扣军饷，发生叛乱。高淮使出惯用伎俩，恶人先告状，派手下进京上奏皇帝，诬告广宁前屯卫"同知"王邦才、"参将"李获阳，唆使士兵追杀"税使"、哄抢贡粮。昏庸无道的万历皇帝不问青红皂白，立即下旨，将王邦才、李获阳逮捕羁押。天启二年（1622），后金军攻广宁，同时占据关外四十余城。巡抚王化贞放弃广宁，把关外的城镇都撤退干净。当时还是参将的赵率教向经略王在晋申请，表示他愿意去收复前屯卫城，就带领 38 个家丁直奔前屯卫。蒙古兵当时占据着这片地盘，赵率教不敢贸然进去，走到中前所就停下了。

那年，游击鲁之甲遵照枢辅孙承宗的命令，解救了六千口难民，到前屯安置，把蒙古人全部驱逐到郊外。赵率教才进入前屯卫城，把难民编排成部队，修缮城墙，注意侦察敌情，军府因此大致建立起来。后来孙承宗命偏裨小将陈练率领川、湖士兵来帮助他，前屯卫城的防御力量更加巩固。赵率教所招募的流亡百姓有五六万之多，从其中选择年轻力壮的编入军队，进行军事训练。余下的分给耕牛、种子，大力进行屯田，赵率教亲自督促、示范，以致手脚上面都长了茧子。孙承宗出关到此视察时非常高兴，把自己所乘坐的车子赠给赵率教。赵率教领兵 1.5 万人驻守前屯卫。朝廷提拔赵率教当了都督佥事，加衔总兵。天启六年（1626）二月，蒙古因为宁远被后金军包围，乘机进犯平川、三山堡。赵率教带兵抗击，斩一百多首级，夺取马匹二百，把蒙古兵追赶到高台堡才回来。捷报送上后，天启帝朱由校非常高兴，立即提拔他为都督同知，实际上的总兵官，让他接替杨麒镇守山海关。不久评定功绩时又升为右都督，世荫本卫副千户。

大明朝与清朝最后一战：广宁前屯卫是清朝对大明最后一战的第二个目标。1643 年 11 月 11 日（农历癸未年十月初一，辛酉），这座建于贞观十年（636），当时已经有 1007 年历史的辽西重镇遭遇灭顶之灾，总兵李赋明、袁尚仁及副将参将等三十余官员及四千余士兵被清军斩杀。其余二千余军、民被俘。清代朗潘萌路过昔日重镇前屯卫，有感而发《前卫》云：

> 一片平沙里，荒荒百雉城，市朝从此变，卫所亦空名，白草翻新屋，黄
> 云压旧营，边庭今不战，无复鼓鼙声。

如今的广宁前屯卫已荡然无存，只留下了前卫斜塔。前卫斜塔又名瑞州古塔，塔身向东北方向倾斜 12 度，现存塔身高 10 米，塔尖水平位移 1.7 米。该塔建成之后虽几经地震与洪水破坏，却始终斜而不倒，被列为市级文物保护单位。它是世界上倾斜度最高的塔，而且比闻名于世的意大利斜塔早落成三百多年。它是一座实心密檐式砖塔，以石筑作为塔基，用砖砌成塔身，分三级呈八角形，塔身雕有砖刻佛像、花纹、狮子头等图案，线条清晰，刀法工艺精湛。斜塔为单顶，顶部原来建有顶盖，但现已塌陷残缺。塔身上原有的飞天砖雕和塔身佛龛中的佛像，都已被盗毁无存。塔身底部的青砖已被人为拆毁了很多，露出极不均匀的石头毛茬，塔的上面和四周更是布满了枯草，使得这座见证了一千多年风雨洗礼的斜塔面目皆非。有关专家呼吁，应加强对斜塔的保护。

兴城古城

兴城古城

一、古城简介

    在辽西走廊中段、辽东湾西岸，通往关内的必经之路上，有一座始建于明宣德三年（1428）的边防县城，由镇守辽东总兵官巫凯、都御史包怀德奏请朝廷修筑，宣德五年（1430）竣工，时称宁远卫城，后改称兴城古城，至今已有600年的历史。

    兴城古城是我国保存最完整的明代卫城，是明代辽东镇长城防御体系的重要组成部分，是关外仅存的军事重镇和防御据点，是著名的"宁远大捷"和"宁锦大捷"的主战场，是明清历史的重要见证。

兴城古城墙

二、兴城古城墙

兴城古城墙是兴城古城的主体建筑，是现存为数不多的明清古城墙建筑，也是中国现存唯一的正方形城墙，与平遥城墙、西安城墙、荆州城墙并称为中国保存最完整的四座古城墙。

据《宁远州志》记载："周围五里一百九十六步，高三丈，池周围七里八步，深一丈五尺。门四：东曰春和，南曰延辉，西曰永宁，北曰威远。外城周围九里一百二十四步，高如内城。明季增筑门四：东曰远安，南曰永清，西曰迎恩，北曰大定，四角俱设层楼，今因之。按内城周围五里一百九十步，外城周围九里一百二十四步，城楼俱颓，钟楼仅存，遗址池湮。"

隆庆二年（1568）宁远城地震，城池俱颓。天启三年（1623），袁崇焕、满桂驻守宁远，重修宁远内城。天启四年（1624），袁崇焕、祖大寿等督建宁远外城（土城），外城周围九里一百二十四步（5382.4米），城墙高三丈二尺（10.24米），女墙高六尺、址广三丈（9.6 米）、上宽二丈四尺（7.68 米），宁远城竣工，成为关外重镇，明末辽西军事指挥中心。清康熙三年（1664）改为宁远州，宁远城成为康熙、乾隆、嘉庆、道光等皇帝回盛京祭祖驻跸必经之路。清朝皇帝曾多次下旨维修破损的城池。现在保存于四面城壁外皮上部的石刻就是清乾隆四十二年（1777）修城竣工时的记载："南面，自西南角台起，至东南角台止，通常二百六十五丈六尺六寸。""北面，自西北角台起，至东北角台止，通常二百六十五丈六尺六寸"，并刻有"乾隆四十六年八月佑领伊林保、知州伊汤安修"等字样。清光绪十四年（1888）、民国七年（1918）、民国十三年（1924）分别对城墙、魁星楼进行了小规模的维护。

著名文物专家罗哲文先生说："明代设宁远卫城为万里长城线上的重镇，这里曾演出过一幕幕关系到国家兴亡、王朝更替的悲壮场面。"研究古城墙，兴城古城必不可少。1949年后，为了保护好这座明代古城，各级政府特成立专门的维修机构，派专家和技术人员指导，做好全面维修规划和施工方案，拨专项资金，多次对古城墙进行大规模的维修，最大程度保存了城墙旧貌。

1963年兴城城墙被列为省级文物保护单位；1978年至1982年，又一次对战

1953年兴城测绘总平面　　　　　　　1959年兴城测绘总平面

争时摧毁的城墙春和门、威远门城门楼进行修复；1983年，兴城城墙被国务院公布为第三批全国重点文物保护单位；2003年至2006年，联合国教科文组织欧盟援助亚洲项目，选取兴城古城作为援助对象，对兴城城墙的保护提供了资金和技术上的援助；2006年，江苏"南京城墙"、陕西"西安城墙"、湖北"荆州城墙"、辽宁"兴城城墙"列入《中国世界遗产预备名单》；2007年，兴城古城入选"中国十佳古城"；2012年，兴城古城再度上榜《中国世界遗产预备名单》。

在各方的共同努力下，兴城古城墙的旧貌得以恢复，并得以保存完好至今，达到了明清城墙的规模。

兴城内城墙平面略呈正方形，东西宽816米，南北长821米，周长3274米，占地面积700520平方米。城墙基础由条石、青砖（外墙面用）、不规则的毛石（内墙皮用）砌筑，中间用夯土所筑。城墙顶宽4.3—4.6米，底宽5.7—7.0米，高8.5—9.6米。顶部海墁铺青砖，外筑垛口墙，守城官兵可以在此护身、瞭望、射箭；内筑女儿墙，高度低于垛口，起着加固城墙的作用。城墙四面正中部各设城门、城门楼，四座城门、城门楼建筑形式一致，均为石刻门额，用汉、满对译文字，嵌在门洞外壁券楣上。城门为砖券洞，券脚石砌，分为内外两重券。各城门上皆筑门楼，均为五开间两层楼阁，重檐回廊歇山顶木构建筑，围廊式箭楼，灰瓦覆顶。内有明

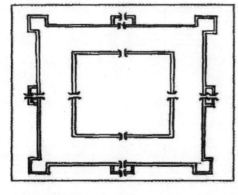 

宁远城平面及角楼（图片来源：《中国科学技术史·军事技术卷》）

兴城古城墙

梯接上层，四面明窗。各城门内右侧，均有登城马道。[1]

城墙东南角上建有魁星楼一座，其他三个拐角处都设有角楼，在角楼上架设火炮，平时角楼上也有士兵驻扎，以加强对城墙的防御。在四座城门的外侧筑有瓮城，呈半圆形，与城墙同时兴建，可以保护城门在战斗中不被敌人轻易接近与破坏。在实战中即便敌军攻破了瓮城城门，在城墙上的守军仍能以极快的速度组织调度，居高临下从四面向城下发起还击。

三、瓮城

瓮城，为古代城市的主要防御设施之一，可加强城堡或关隘的防守，大多为在城门外侧（亦有在城门内侧的特例）修建的半圆形或方形的护门小城，属于中国古代城市城墙的一部分。当敌人攻入瓮城时，如将主城门和瓮城门关闭，守军即可对敌形成"瓮中捉鳖"之势，故名"瓮城"。

明朝十分重视对城墙的防御，在南京应天府、中都凤阳府、北京顺天府、西

1. 辽宁省文化和旅游厅：兴城古城。https://whly.ln.gov.cn/whly/wlzt/lnww/zdwwbhdw/3319551CD2874AB88A55B327EB73BAA2/index.shtml（20200828）。

安、归德（今河南商丘）、平遥等府、州、县级地方城市，以及长城山海关、嘉峪关等关城，均设置了瓮城。

兴城古城的四座城门外面皆筑有半圆形瓮城，瓮城门为联式洞券组成，分为内外两重券。城墙四角设角台，突出于城角，用以作战时架设红夷大炮。东南角台上建有魁星楼，八面八角，重檐攒尖顶，青瓦覆盖，通高8.5米，二层楼阁，两层之间有明梯相通。在东城墙南部和南城墙西部各设一水门。[1]

四、魁星楼

魁星楼位于城墙的东南角，道光十三年（1833）曾毁于一场大火，道光二十七年（1847）经知州强上林"撤旧更新"，大肆重修，民国十三年（1924）又经直隶省省长王孝伯修葺一次，但于1948年再次毁于战火。现如今的这座"魁星楼"是文物部门征集原实物照片重新修建的。

在中国古代神话中，有一位掌管文章兴衰的神灵——魁星，在儒生心中占据极其重要的地位。魁星楼内供奉的便是青面赤发、横眉立目，一手捧斗、一手执笔的魁星塑像。在起到军事防御作用的城墙上，修建魁星楼这一与军事防御无关的建筑设施，则体现了对文化教育的重视。

---

1. 辽宁省文化和旅游厅：兴城古城。https://whly.ln.gov.cn/whly/wlzt/lnww/zdwwbhdw/3319551CD2874AB88A55B327EB73BAA2/index.shtml（20200828）。

五、钟鼓楼

　　钟鼓楼为钟楼与鼓楼两座建筑的合称，多见于中国古代建筑中的祠庙建筑群、衙署建筑群、城市中心区域和宫殿建筑群中。

　　钟鼓楼坐落在兴城古城正中心，是这座军事城池重要的军事设施。明景泰五年（1454）始建时，钟楼在东侧，鼓楼在西侧。清乾隆四十二年（1777），知州书名阿奉旨重修，合钟、鼓为一楼，竣工于乾隆四十四年。道光二十七年（1847），知州强上林维修。后经历代多次修葺，基本保持了原貌，在1963年被确定为省级文物保护单位。

钟鼓楼

钟鼓楼分为楼座与阁楼两部分，通高 17.6 米。钟鼓楼的十字券门洞各通四条大街，向东为春和街，向西为永宁街，向北为威远街，向南为延辉街。楼座承台墙体立面呈梯形，四面门洞十字穿通，上檐有青砖砌筑的拔檐砖和吐水口。楼座承台上建有二层楼阁，为重檐歇山卷棚式瓦顶。底层周有围廊，每面外有檐柱六根，面阔五间，进深五间，墙体青砖砌厚壁。

钟鼓楼一层高 3.63 米，面阔、进深均为一间，在每面的明间设有对开式格扇门，顶部为四面披檐，筒板瓦覆顶，兽面勾头，莲花图案猫头。内有亚洲第一大军鼓，直径 2.25 米，为整张荷兰牛皮制作。古时，除了击鼓报时外，还承担其他功能，如通知军情、传达指令、维持社会治安秩序等。二层高 5.6 米，面阔、进深均为一间，在檐部置棂格窗，顶部为歇山卷棚顶，用筒板瓦覆盖。内展出兴城地区不同时期的出土文物。一、二层楼有胡梯相通。在楼座西壁后侧设有小门，沿石阶即可登临。登上钟鼓楼，可以将兴城美景尽收眼底，眺望远处的首山。

明代陈仁锡曾作《宁远鼓楼与将士痛饮励战》诗二首：[1]

其一"渐看光复慰疮痍，岳页重瞻旧汉仪。自有肝肠清塞北，肯容儿女梦辽西"。

其二"膂力经营谁与先，十年战守说宁前。朔方重见尧日月，乐浪骎增汉幅员"。

钟鼓

1. 辽宁省文化和旅游厅：兴城古城。https://whly.ln.gov.cn/whly/wlzt/lnww/zdwwbhdw/3319551CD2874AB88A55B327EB73BAA2/index.shtml（20200828）。

六、祖氏石坊

在古城的南大街，矗立着两座雄伟壮观的石坊，是明朝末代皇帝朱由检（明思宗，1628—1644）为表彰当时镇守辽西的大将祖大寿、祖大乐兄弟卫明抗清的功劳，默许百姓自行建立的旌功牌坊。南坊距南门108米，北坊距鼓楼194米，两坊相距84米，均为岩石料雕琢而成，工艺精美，细腻逼真，造型都是仿木结构牌坊，四柱三间五楼式，单檐庑殿顶。

祖氏石坊

摸石狮子

两座石坊前各有两个石狮子，当地人都把它看成遇难呈祥、逢凶化吉的象征。政府也曾在古城内组织了许多民俗活动，如花车巡游、舞狮子等。舞狮表演中所用到的舞狮道具的外形就是以祖氏牌坊前的两头石狮子为原型的。

在兴城古城，正月十五摸石狮子这一习俗已经沿袭了几百年。每到农历正月十五，全城的男女老幼都会聚到石狮子旁，以求摸到石狮子的哪一部位，自己身体中那一部分的疾病就会痊愈。这一习俗也吸引了无数游客，人们通过摸石坊前的石狮子，祈求祛除病痛、国泰民安、家和业兴。

七、周家住宅

周家住宅位于古城内南二街，建于 1934 年，是保存完整且具有辽西特色的囤顶民宅四合院，现为省级文物保护单位，其主人周永吉是城内富庶大户，周家既经商又务农，在官场上也有一定声望。周家住宅结构严谨，宽敞明亮。正房七间，为出廊抱柱，青砖所砌。左右厢房各三间，门房六间。[1] 1949 年，周家住宅收归国有，变成了办公之地，原有的结构风格遭到一定程度的破坏，以往的月亮门、影壁墙、花墙等均被拆除。2004 年，周家住宅受到了"欧盟援助亚洲城市"项目的资助，对宅子进行了修缮工作。

周家古宅

周家住宅的屋顶全部为当地民居通用的囤顶，这与辽西地区的气候有关，囤顶的排水效果较平顶好，还可以防御风沙，能够很好地做到雨天防雨，冬天保温。穿过门房，有一个

---

1. 兴城市人民政府：兴城古城——周家住宅。http://www.zg-xc.gov.cn/zjxc/jqjs/201504/t20150428_227239.html（20170428）。

不大的院落，架子上爬满了葱郁的葡萄藤叶，还有石桌凳和水井。

　　周宅中的装饰艺术也体现了辽西地区的民俗文化。第二进院的门的内下角铁皮上镶着半块石榴图案，两扇门合起来就是一个完整的石榴，石榴多籽，"籽"和"子"谐音，寓意家门人丁兴旺。正房和东厢房房梁上有山水和花鸟的彩绘，为宅子增添了几分文人气息，彩绘的图案也多包含富贵、吉祥等寓意。

　　周家住宅门外有三踏上马石、下马石，由于忌讳"下马"一词，故统称上马石。上马石代表了主人宅第的等级。宋朝的《营造法式·石作制度·马台》记载："造马台之制：高二尺二寸，长三尺八寸，广二尺二寸。其面方，外余一尺六寸，下面作两踏。身内或通素，或迭涩造；随宜雕镌华文。"这里介绍的上马石还只是两踏，周家宅门前的是三踏上马石，可见主人身份的尊贵。

镂空的钱眼拴马桩

　　镂空的钱眼拴马桩，常栽立在建筑大门的两侧，可以用来拴马。和门前的石狮一样，拴马桩既有实用价值，又有彰显身份、装点门面的作用，同时还可避邪镇宅。

八、文庙

兴城文庙

兴城文庙，亦称孔庙，始建于明宣德五年（1430），占地16800平方米，是东北三省最古老的、辽宁省内最大的一座文庙，后经历代多次维修，使文庙得以保存至现在的面貌。

文庙分为内外院，内院有棂星门、泮桥、戟门、大成殿、崇圣祠、祭器库、更衣亭、乡贤祠、名宦祠等建筑，外院以绿化景观为主。

在文庙内，有一棵梧桐树，"卧桐成林"。1997年9月5日，台风将这棵有着300多年树龄的梧桐树刮倒，不偏不倚，倒在东庑北山墙前，树根暴露，树叶逐渐干枯。本以为这棵梧桐树会就此枯亡，但第二年春天梧桐树死而复生，重现繁茂景象，成为一大奇观。

大成殿内供奉着孔子神位，两侧有四配十二哲，门额高悬康熙亲笔手书的"万世师表"巨匾。

过圆月门，便是第二进院。院中有一座泮桥（又称状元桥），相传只要从此桥中间走过，将来就可以中状元。庭院两旁有更衣亭、祭品亭、多贤祠和名宦祠，显得分外雅致。

泮桥

九、蓟辽督师府

蓟辽督师府是明代北方最高军政领导机构，始建于明嘉靖二十九年（1550），为明末兵部尚书袁崇焕受命督师蓟辽，驻守宁远（兴城）时所建。蓟辽督师府占地10292.27平方米，位于古城内春和街路北，在清代改为宁远州府，亦称宁远正堂。崇祯十七年（1644）三月，吴三桂命令属下火烧宁远城，蓟辽督师府也未能幸免。兴城市政府于2001年根据明朝规制复修蓟辽督师府，复修后的蓟辽督师府南北宽84米，东西长125米，总建筑面积2363.27平方米，绿化面积2359.77平方米。整体建筑分为3个功能区，即督师府办公区（督师府主体建筑）、督师府箭道区、督师府花园和点将台区。

蓟辽督师府

十、登首山

　　首山位于兴城市东 3 千米处，海拔 329.7 米，总面积为 47.3 平方千米，有各种树木 30 余种，野草繁茂，山谷幽静，地势险要，扼守辽西走廊通道，是屹立兴城古城东北面的天然屏障。有人曾言，欲守古城，必扼首山。首山是明清兵家必争之地，清兵想要拿下兴城，首先要攻克的就是首山，前面提到的"宁锦大捷"，首山就是主战场。一旦清兵来犯，明军就会在首山的烽火台发射信号，山海关和锦州方面便都能知晓，能够及时派兵支援首山。

首山

首山之所以称为首山，一是因为三峰矗立，状若人首而得名，《宁远州志》中有记载，"三首山：城东五里，三峰相峙，状若人首，其上由泉，下注东南流八里入海。"二是因为远眺首山可见顶上三峰异立，恰似一个硕大的"山"字，故又俗称三首山，当轻云落霭缭绕云峰时，就会出现兴城八景之首——"三首云冠"的佳景。1988年，首山国家森林公园经国务院批准成为第二批国家级重点风景名胜区。

首山烽火台

在首山主峰顶端有一烽火台，是在原址根据原规制复原的实心台，高8.5米，直径13.9米，外墙由青砖、条石砌就。其实原来首山三峰均设有烽火台，只可惜南北两峰的烽火台早已毁于战乱，无法复原。

首山的西北麓有一寺院名为朝阳寺，掩映在奇松怪石丛中，依山而建。据说每逢桃花盛开的时节，桃花便会掩映登山石径，犹如世外仙境。如果恰逢朝霞初升，满寺生辉，则会欣赏到"朝霞赏春"的美景。

进入朝阳寺山门，就是三清殿，两侧殿门上挂着"道法自然""道气长存"两块匾。朝阳寺原本是个道观，之所以称为朝阳寺也是有来历的。传说当年乾隆东巡游首山，远望朝晖下有一殿宇，不禁脱口赞道："好一座朝阳寺院！"但走近方知原来是个道观，于是将错就错，特亲封为朝阳寺。后来，朝阳寺改名为朝阳宫。朝阳宫面积只有120平方米，正殿六间，因殿中无梁，故曰"无梁殿"。朝阳宫曾遭破坏，现已修复一新。朝阳宫的庭院面积不大，五棵古柏为院落增添了古朴、宁静的韵味。据道士说这五棵古柏是明代种下的，原有六棵，现仅存五棵。

在首山的东南坡有一瀑布，名为"三道悬流"，虽不及庐山瀑布的"飞流直下三千尺"，但也颇为壮观。

十一、古城文化传播

在元代，除极少数中心城市得到发展建设以外，绝大多数城池遭到了毁坏，城墙遭到大范围拆毁，城市形态的完整性受到破坏。明朝政府开展了大规模的城市恢复和建设工作，在全国设立了一套由中原"两京十三省"和长城沿线"九边重镇"组成的城镇体系。在古代历史上，明代"造城运动"的数量之多、范围之广前所未有，是我国城市建设的高峰期。[1]

1426年，明朝宣德皇帝朱瞻基从即位仅一年的洪熙皇帝手中接过帝位，也顺利

---

1. 王贵祥：《明代建城运动概说》，载《中国建筑史论汇刊》，北京：清华大学出版社，2008年00期，第139-174。

继承了"造城"这一爱好。为继续强化北部地区的防御力量，朱瞻基批准都御史包怀德、总兵巫凯关于在曹庄以北、温泉以西建筑古城的呈请，并赐名宁远，并于当年动工，经五年告竣。

在与后金的军事对抗中，宁远城有重要的战略意义。但是它的作用在早期并没有引起重视，这是因为明朝的军事家们都把广宁（今北镇）当作是明朝辽西的军事重地。而到了明朝末期，阉党横行，民不聊生，国势渐弱。这时，原本在新京（今新宾县）的后金军崛起，并不断南侵，连克辽阳、沈阳、广宁之后，山海关外已暴露无遗，几近无险可守。山海关成为明朝阻挡后金大军的一道重要关卡，宁远城的战略地位也由此显现出来。

在朝廷内外放弃关外，退守山海关的一片呼声中，天启皇帝即朱由校力排众议，决意采纳兵部尚书孙承宗和兵部佥事袁崇焕的建议，重建宁远古城，大胆起用名不见经传的袁崇焕，并尽遣良臣猛将辅佐他守卫此城。袁崇焕也开始采取各项措施来构建宁远至山海关的军事防线。

（一）谱写半部明清战史

在兴城古城重建后仅两年，即公元 1626 年正月十四，努尔哈赤亲自统领后金军攻打兴城，号称 30 万人。辽东经略高第认为关外必不可守，令尽撤锦、右诸城守具，让将士退居关内。袁崇焕亦力争不可，言："三城已复，安可轻撤？锦、右动摇，则宁、前震惊，关门亦失保障。今但择良将守之，必无他虑。"第意坚，且欲并撤宁、前二城。崇焕曰："我宁前道也，官此当死此，我必不去。"第无以难，乃撤锦州、右屯、大、小凌河及松山、杏山、塔山守具，尽驱屯兵入关[1]。只剩袁崇焕一员大将死守孤城，率领士兵们抵挡努尔哈赤大军。

袁崇焕制定了"孤守、死守、固守"的守城策略，在宁远城楼上布置好了红夷

1.（清）张廷玉等：《明史》卷 259《袁崇焕传》，北京：中华书局，1974 年，第 6709 页。

大炮。袁崇焕本人则"刺血为书，激以忠义，为之下拜，将士咸请效死"。在袁崇焕的领导下，全城军民决心和后金决一死战，据《明熹宗实录》记载：在辽东争战诸城中，独宁远"无夺门之叛民，内应之奸细"。袁崇焕则坐镇于鼓楼，统率全局，督军固守。

当袁崇焕在紧张有序地安排防御时，努尔哈赤的铁骑也在奔向宁远城，大战一触即发。努尔哈赤本以为占领宁远会势如破竹，但后金军队多次攻城却迟迟不能攻下，努尔哈赤在攻城中也身负重伤，不得不放弃了攻城。原来，城墙四角各建有城台，台底长 32 米、上部平面长 20 米、宽 13.6 米，左右两侧分别外突 9—15 米，其上可安红夷炮、佛郎机炮等各型火绳枪炮。作战时，枪炮既可从台上向外直射攻城之敌，又可从左右突出之处侧射攀墙之敌，其射界可达 270 度，大大减小了射击死角。天启六年正月，袁崇焕正是依托这种改建了的宁远（今辽宁兴城）城防，击退了努尔哈赤的进攻。[1]《清太祖实录》中记录："帝自二十五岁征伐以来，战无不胜，攻无不克，惟宁远一城不下，遂大怀忿恨而回。"

宁远之战是明朝自抚顺失陷以来和后金交战的第一个大胜仗，史称宁远大捷。袁崇焕因此战声名远扬，和宁远城永远地联系在了一起。

明军取得宁远大捷后，袁崇焕被提拔为辽东巡抚，山海关—宁远—锦州组成一条关宁锦防线。辽东经略王之臣驻山海关，巡抚袁崇焕驻宁远，总兵赵率教驻锦州，分兵御守，互相援应。

明天启七年、后金天聪元年（1627），皇太极继承汗位。同年五月六日，皇太极以明朝在锦州、大凌河、小凌河筑城屯田，没有议和诚意为借口，亲率数万军队出沈阳，举兵向西，进攻宁（远）锦（州），试图拔掉明军在辽东的最后两颗钉了，彻底打通入关的通道。

五月十一日，后金军直抵锦州，距城一里，安营布兵，四面合围。皇太极先派

---

1. 王兆春：《中国古代军事工程技术史：宋元明清》，山西：山西教育出版社，2007 年，第 370–371 页。

人招降，明守城总兵赵率教以和谈拖延时间。第二天，皇太极率军攻城，赵率教督兵严守。皇太极战不胜，又和谈；谈不成，再攻城。和战交替，半个多月。赵率教坚持袁崇焕指示的"凭坚城、不出战"原则，严守锦州。

皇太极在进攻锦州无果后，便留下部分军队继续围困锦州，亲率主力与沈阳的援兵会合，进攻宁远。此时的袁崇焕也在宁远做好了准备，让明军出城列阵，沿城环列枪炮。袁崇焕率领手中的王牌军队之一——车营（此营中战士多数装备噜嘧铳，这种武器长近2米，由明代火器专家赵士祯发明，精度和射程以及威力都十分高，近战时还可以抽出铳剑使用），在宁远率众固守，宁远城得保全。

五月二十九日，皇太极攻宁远不克，不禁慨叹："昔皇考太祖攻宁远，不克；今我攻锦州，又未克。似此野战之兵，尚不能胜，其何以张我国威耶！"于是皇太极率军撤离宁远，又转战锦州，却遭明军西洋大炮和其他兵器还击，伤亡数千人。围攻宁、锦24天，皇太极认为取胜无望，遂下令撤军，自返沈阳。此战史称宁锦大捷。

宁锦大捷虽然没有全歼皇太极主力，但也重创了八旗军，是明后期少有的胜利，延续了明朝的寿命，极大地振奋了明军的士气。

袁崇焕《锦州报捷疏》中说：

仰仗天威，退敌解围，恭纾圣虑事：准总兵官赵率教飞报前事，切照五月十一日，锦州四面被围，大战三次三捷；小战二十五日，无日不战，且克。初四日，敌复益兵攻城，内用西洋巨石炮、火炮、火弹与矢石，损伤城外士卒无算。随至是夜五鼓，撤兵东行。尚在小凌河扎营，留精兵收后。太府纪与职等，发精兵防哨外。是役也，若非仗皇上天威，司礼监庙谟，令内镇纪与职，率同前锋总兵左辅、副总兵朱梅等，扼守锦州要地，安可以出奇制胜！今果解围挫锋，实内镇纪苦心鏖战，阁部秘筹，督、抚、部、道数年鼓舞将士，安能保守六年弃遗之瑕城，一月乌合之兵众，获此奇捷也。为此理合飞报等因到臣。臣看得敌来此一番，乘东江方胜之威，已机上视我宁与锦。孰知皇上中兴之伟烈，师出以律，厂臣帷幄嘉谟，诸臣人人敢死。大小数十战，解围而去。诚数十年未有之武功也！

宁锦大捷后，袁崇焕非但没有受到嘉奖，反而陷入了非议和猜疑中。因不得魏忠贤欢心，袁崇焕选择辞官返乡。1627 年，袁崇焕告别了辽东前线。1629 年十二月初，袁崇焕含冤被捕入狱，半年后以"袁崇焕咐托不效，专恃欺隐，以市米则资盗，以谋疑则斩帅"的罪名，于 1628 年八月磔刑（分裂肢体）处死于西市，弃尸于市。崇祯帝错杀袁崇焕无异于自毁长城，标志着大明王朝亡国不久矣。

两次大战都给清王朝这两位帝王以重创，可以说，兴城让两位君王又爱又恨，而皇太极之后的历代清朝帝王也对兴城有独特的情结。从顺治帝开始，先后有顺治、康熙、乾隆、嘉庆、道光五位皇帝赴盛京（今沈阳）祭祖驻跸在古城中的宁远驿站。

清朝的末代皇帝爱新觉罗·溥仪也十分喜爱兴城。溥仪认为兴城的地理位置重要且风景大好，所以在他任伪满洲国皇帝时，曾征得日本关东军司令部的同意，准备在兴城打造别墅。但随着日本帝国主义无条件投降，那座别墅也成了仅停留在设计图上的南柯一梦。

从兴城筑城起，便风云骤起。明清之际，更有"宁兴国兴，宁败国亡"之势，为天下人所瞩目。[1] 历史上喜爱兴城的帝王对兴城给予的高度评价也成为了兴城一张对外宣传的名片，推动了兴城的快速发展。

（二）古城展新颜

天色渐晚，就一刹那，整座古城亮了起来。华灯初上，不知道该如何形容这种

---

1. 荀茂安：《明清帝王与兴城古城》，载《兰台世界》，2003 年 1 月。

感觉，就像考古人员在探究兵马俑时不经意的一个抬头，看到了千年前的工匠在兵马俑身上留下的指纹，是跨越时空的对话，是古城对人的回应，仿佛在告诉我，你不虚此行。

兴城市古城亮化工程

　　早在2017年4月，兴城市就开始推进古城亮化工程。古城亮化工程包括由古城延辉门瓮城开始，向东延伸至春和门瓮城的全部城墙和城墙上的建筑，以及古城景区内祖氏牌坊和钟鼓楼的亮化。古城亮化工程截至当年8月全部完工。灯光由电脑控制，根据季节、天气等因素，自动调节亮度和时间。夜幕降临，整座古城发出耀眼的金光，如梦如幻，游客可以夜游古城，感受古城的别样风情。在2020年，兴城还在古城墙旁举办了迎春灯会，以城墙为天然大背景，将灯光投射在城墙上，供古城居民欣赏游玩。

（三）关于兴城的一些感悟

历经 580 多年的兴城城墙虽然经明、清、民国的多次维修，特别是新中国成立后的大规模维修保护，保持了原貌，外观修护较好，但在内在保护上还存在很多问题。比如，古城中居住的大多是中老年人，他们喜欢安静的生活氛围，不愿古城的旅游热潮影响到他们的生活；民居公共厕所以旱厕为主，卫生状况较差，厕所多数集中在城墙内外墙并靠近城墙建造，公厕严重影响古城的风貌和城墙的安全；居民们更希望能增加公共设施建设，提高生活质量等。

以上问题的解决就需要当地政府在规划古城建设的时候纳入所要考虑的范围内。是否可以通过空间重新设计规划，在不破坏古城的同时让老居民有一层对外的保护墙，减少甚至避免游客的影响，提高居民的生活质量；采取优惠政策，吸引年轻人来古城周围开民宿，带动古城经济发展。

同时，古城的开发应该从多方面出发，不能仅限于单一方向，要将古城的文化底蕴和内涵以一种新的方式呈现出来，吸引更多的游客。

现在的网络传播影响力巨大，电视剧《去有风的地方》播出后，原本冷清小众的大理沙溪古镇在一夜间成了云南热门的旅游地，仅春节期间就接待了游客 14.18 万人次，旅游社会总收入实现了 1.1 亿元，创下了新高，民宿客栈的入住率更是达到了百分之百。如何将兴城古城的美直观地带到网络上，让游客有前来旅游的驱动力，进而对古城的内涵有进一步了解也是需要思考的重点。

第四章

小虹螺山长城

辽东镇明长城

　　葫芦岛有"关外第一市"之称，是明朝所修长城分布较多的地区。明辽东镇长城全长为988千米，葫芦岛境内辽东镇明长城就有238千米，宛若一条苍龙，蜿蜒盘旋在绥中、兴城、连山、南票4个县（市、区）的崇山峻岭之中。其中，小虹螺山长城是辽东镇明长城的重要组成部分，始建于明朝正统七年（1442），到正统十一年（1446）完工。2013年3月5日，小虹螺山长城被列入第七批全国重点文物保护单位。

　　虹螺山早已名见经传，辽代时称胡僧山，元代时称为红罗山，从明代起才称虹螺山。据清代《奉天通志》记载："俗称大虹螺山不大，小虹螺山不小，山脉自西而东，蜿蜒百余里，从各方面观之均成形，因有八面威风之称。就奉天而言，虽不及医巫闾山及千山高大秀丽，然亦堪称伯仲。"除此之外，虹螺山千峰竞秀，气象万千。明代进士出身的东阁大学士、兵部尚书孙承宗写诗赞曰："荆山山作紫，螺山山作红；羲和抛日梭，织出锦川雄。"

一、小虹螺山长城

　　在葫芦岛市南票区虹螺岘镇团山子村小毛家沟南侧，有一座小虹螺山长城，是辽东镇明长城的重要组成部分。据《辽东志》记载，辽东边墙最早修筑时间是正统二年（1437）。小虹螺山长城的修筑时间，根据《明史·王翱传》的描述，应该始于正统七年（1442）。其中明确记录着：正统七年，王翱奉命"提督辽东军务……乃躬行边，起山海关抵开原，缮城垣，浚沟堑，五里为堡，十里为屯，使烽燧相接"。

《辽东志》王翱志略也记载："（正统七）乃自巡边，沿山海关抵开原，高墙深沟，五里为堡，十里为屯，烽燧斥堠，珠联璧贯，千里相望。"小虹螺山长城的完工时间，按史料应该是正统十一年（1446），这正是毕恭受王翱举荐主修辽东边墙的五年。次年，毕恭因修建辽东边墙有功，擢升为辽东都指挥使。按照这样的推论，小虹螺山长城到现在已经有 571 年的历史。

小虹螺山长城墙体沿山脊蜿蜒修筑，沿途地势险要，景观自然和谐，取材因地势难易而异，材料多为砖、石类型。城墙上及城墙内分布着形状各异的敌台，整体结构清楚，形制基本完整。小虹螺山长城墙体起点位于虹螺岘镇团山子村小毛家沟屯南 200 米，止点位于塔山乡大四台子村西 2300 米西边山山脊上，整体走向为东西—西南。

小虹螺山长城的城墙全长 10727 米，其中，人工墙体 5368 米，山险墙和劈山墙 5359 米，人工墙体和山险各占了一半，充分体现了"因地形，用险制塞""因地制宜，就地取材"的原则。人工墙体是用人工采石砌筑，城墙的宽度和高度根据防御的部位和周边地形不同而差别较大，最宽处达 7.4 米，最窄处只有 1.6 米，最高的墙体超过 7 米，低的不过 2 米左右；山险墙，是以天然悬崖峭壁做墙体；劈山墙，是将陡峭的山体铲削后而形成的一道屏障。

二、四方台

四方台

　　据《辽宁省明长城资料调查报告》记载，辽东长城小虹螺山段共建有 13 座敌楼（与明长城敌楼一般骑墙而建的原则有所不同，13 座敌楼中有 9 座建在城墙内侧，4 座建在城墙外侧），4 座烽火台，3 座堡城。小虹螺山上的 13 座敌楼有 12 座用石头修筑并且已全部坍塌，只有盘道沟村北山上那座当地人叫做"四方台"的敌楼，是用条石做基础，用青砖做墙体修筑而成的空心敌楼，是唯一没有倒塌的敌楼。

　　四方台是小虹螺山长城的代表性建筑。四方台平面呈方形，为两层敌楼。南侧开一个门、两个箭窗，西侧两个箭窗，东侧一个箭窗，北侧有两个箭窗。驻守的士卒可达 30 余人。通道外窄内宽，进深 7 米有余，有一人多高，窄处不到 2 米，宽处将近 3 米，宽窄接合部可设移动障碍物。

三、烽火台

小虹螺山长城的烽火台由东至西共有 4 座,分别坐落在半拉山、孤女坟山、盘道沟北沟屯西北小虹螺山支脉上。

从现存遗址观察,都是圆形,烽火台的主体即台身已全部被毁,只保存基础和部分残高,底部直径最大的有 17 米多,小的也超过 8 米。从建筑材料看,都是毛石砌筑,其中,半拉山烽火台的台身用大块毛石包砌,白灰勾缝,中间填充碎石,其他都是用毛石垒成,在中间填充碎石。这几座烽火台都建在长城内侧,距长城最远的有 7200 米,最近的只有 2 米。台址都选择在附近比较高的地方,高程从 605 米到 289 米不等,站在其中一个烽火台上,都能看到相邻的两个烽火台,这是古代修筑烽火台所遵循的一个基本原则。

小虹螺山长城的防御和临近烽火台的值守,分属三个堡城,分别是长岭山堡城、椴木冲堡城和大兴堡城。三个堡城均属于第五级屯兵城。长岭山堡城,遗址在连山区塔山乡长岭山村,管辖西起海木沟山,东北至小虹螺山一段;椴木冲堡城,遗址在连山区塔山乡西堡子村,管辖西接长岭山堡城防界,东至小虹螺山山险一段;大兴堡城,遗址在南票区大兴乡大兴堡村,管辖西接椴木村堡城防界,向东经毛家沟山谷至植股山一段。三个堡城始建于明正统七年(1442),是和长城同时修筑的。城池均为方形,城墙高 7—8 米,砖石包砌,在南城墙开一个城门,城四角有圆形城台,城北有庙宇。如今这三个堡城都已荡然无存。当年,每个堡城驻扎的守军都不少于 120 人,指挥官称"百户",下设"总旗""小旗""台丁",相当于现在部队的连、排、班建制。

四、历史故事

　　虹螺山不只有眼睛看到的魅力景色，巍巍虹螺山的象征——虹螺女，还曾演绎一段令所有闻者动容且动心的故事。传说，很早以前，虹螺山一带是一片汪洋，统称渤海湾。渤海湾水域有个渤海王，是个荒淫无度、贪艳好色的家伙。一日，他在海底水乡闲游，无意中发现虹螺古镇螺王之女。虹螺女正观赏海底春光，哪知渤海王藏在一棵大珊瑚树后偷看。渤海王见虹螺女天姿国色、异常艳丽，不禁顿起淫心，于是迫不及待地上前欲调戏虹螺女。虹螺女厉声怒斥。渤海王恼羞成怒，上前欲捉住虹螺女，虹螺女急转身投入螺壳，朝着海底高山飞穿而去。

　　渤海王见捉不住虹螺女，回身便抓虹螺秀，螺秀也早已钻进螺壳飞游回府去禀报螺王。渤海王见事情败露，怒气难按，羞气难忍，于是命令旱魃王将海水倒退40余里。从此虹螺古镇（现虹螺岘）一带，皆成陆地，虹螺女搁浅之山，称为虹螺山。离开海域的虹螺女，幸被名叫毛二的放羊小伙子相救，后二人结为夫妻。但是，幸福的生活并没有持续多久。最终，虹螺女为了解除干旱，解救饥民，在与捉拿她的旱魃王激战时，献出了螺壳，化作了山峰。虹螺女大无畏的精神不仅使其故事在当地代代传扬，也令虹螺山的胜景更受参观者称道。

第五章 锦州明长城：雄镇玄武——龟山长城

龟山长城全景

一、龟山长城

　　满目萧然、杂草丛生。远远望去，锦州郊外这座犹如龟背的山丘极尽荒凉，没有休闲设施，也没有平坦大道，但就在这样素净天然的山上却盘踞着一段国家级的文化遗址——明长城龟山段。

　　走近长城，整齐的墙在龟山蜿蜒而上，轻抚墙面，每一块砖都诉说了一段悠长雄浑的故事，这里曾经有坚实驻守的脚印，有响彻天空的口号，有为保家卫国喷涌的热血。而如今，龟山长城犹如垂垂老矣的神龟脊梁，嶙峋萧瑟又坚忍不屈。它不像八达岭那样的巍峨磅礴，不像居庸关长城那样苍翠欲滴，它在明清的边塞镇守一方，是历经数百年变革仍然屹立在辽西小城的文化勋章。

　　按照《长城保护总体规划》要求，国家文物局研究确定了第一批国家级长城重要点段名单，其中，锦州市明长城龟山段被列为国家级长城。

锦州地处辽西地区，锦州段的长城属辽西长城段，建于正统年间。锦州段长城沿锦州城外围山脉由西南而东北呈弧形绕过，走向大致是：由小虹螺山经虹螺岘卧佛寺的边壕子、金家碴子，至女儿河华山村的南山（属大福堡），再向北到板石沟大马村的龟山。

长城由龟山向东经小凌河空，越过小凌河至锦州市郊区小洞山（观音洞山脉的西端），再经花楼（南北两山）、权牙石山口（翠岩山口）、权牙石险山（翠岩山）、梯子山，至温滴楼西苏家沟山，向北至于家台山，转向东北，经义县大定堡西山石桥子、西砖城子西山，再向北至大凌河西岸（这里有大凌河空，守空的烽台遗址尚存），越过大凌河后又往东而去。

据统计，锦州地区明长城墙体大约分80段，总长约173.129千米，其中，黑山24.622千米，北镇44.48千米，义县71.276千米，凌海24.485千米，太和区8.266千米。现存墙体94.626千米，烽火台大致51座，敌台大致127座。龟山长城属于锦州明长城的一部分，是锦州境内现存最好的长城点段，位于凌海市板石沟乡下板石沟村小马口子龟山南坡至牛大沟自然屯东，此段长1830米。经纬度为东经120° 58′，北纬41° 09′。2013年3月5日国务院公布其为国家级文物保护单位。

龟山长城是锦州市境内保存最为完好的一段辽东长城。长城墙体依龟山南坡而上，跨龟山山顶，沿着山北坡而下至牛大沟屯东。此段长城可分为三部分，一部分为黄土夯筑墙体，由龟山段辽东长城一号墩台起（龟山脚下）至山顶与二号墩台相接。这段墙体由于风雨的侵蚀和人为的踩踏，早期已经坍塌，形成了鱼脊形凸起。夯筑墙长约500米，宽约3米，高出山体20—50厘米。一号敌台为圆形，青砖砌筑外围墙，内填夯土。墩台直径5米，残高约2米，夯土层次明显。二号敌台为山石垒砌，同为圆形，直径5米，残高3米。

第二部分为山险墙，起于二号敌台，至龟山主峰，与三号敌台相接。位于山梁之上，长约 300 米。主要是因地制宜，利用陡峭山石形成的天然屏障，作为长城墙体。

第三部分为山石垒砌墙体，此段长城墙体起于三号墩台，过龟山山顶，沿山北坡而下至龟山脚下的牛大沟自然屯东而过。

墙体为山石垒砌，残高 1.5—2 米，底宽 2.5 米，上宽 2 米，此段墙体垒石码放整齐，十分坚固。三号墩台山石垒砌围墙内填黄土，直径 5 米，残高 3 米。在距三号墩台东侧 5 米处的山岩有一处直径约为 20 厘米、深约 30 厘米的臼石，在三号墩台的北侧 7 米处的石墙东侧有一山石垒砌长约 4 米、宽约 3 米、深约 2 米的蓄水池。[1]

龟山长城墙体分为四段，每段的墙体类别、结构特点和构筑方式都有其不同特点，现在的保护程度也不尽相同。

龟山长城 1 段起自板石沟乡大牛村牛大沟屯（东南 100 米处耕地上），自东北向西南转向东南，由丘陵向山顶呈上行走势，在龟山山顶与龟山长城 2 段山险墙对接。墙体大体呈东北—西南转向东南走向。墙体类别为石墙，该段主墙体基础为自然山体岩石，墙身用石块垒筑，内填碎石而成，墙体向上收分不明显，剖面为梯形，墙体设施无存。现状该墙体为石墙，石质以硅岩为主，质地坚硬。

龟山长城 2 段起自板石沟乡下板石沟村（东北 1100 米龟山上），一路自西北向东南，沿山脊呈下行走势，止于板石沟乡下板石沟村（东北 950 米处龟山上），墙体大体呈西北—东南走向。墙体类别为山险墙，结构特点及构筑方式为不规则形。该段墙体基础为自然山体岩石，山体低洼处用毛石垒筑，墙体设施无存。现状该墙体为山险墙。

龟山长城 3 段起自板石沟乡下板石沟村（东北 950 米龟山上），一路自西北向东南在龟山 2 号敌台西侧 3 米处绕过转向南，由山腰向山顶呈下行走势，止于板石

---

1. 文物管理处：《龟山长城》，https：//whly.ln.gov.cn/whly/wlzt/lnww/zdwwbhdw/23B2D08779394319AA3D9CEF21D15286/index.shtml（20230412）。

沟乡下板石沟村（东北 900 米龟山上）。墙体类别为石墙，结构特点及构筑方式为剖面呈梯形。该段墙体基础为自然山体岩石，墙身用毛石垒筑，墙体设施无存。墙宽约 1.8 米，现存高度约 0.5 米。现状该墙体为石墙，石质以硅岩为主，质地坚硬。

龟山长城 4 段起自板石沟乡下板石沟村（东北 900 米龟山上），一路自东北向西南转向东南，由山顶向山下呈下行走势，墙体从敌台西侧 3 米处通过，在板石沟乡下板石沟村（东北 450 米处）被现代采石场截断止。墙体类别为石墙，结构特点及构筑方式为剖面呈梯形。该段主墙体基础为自然山体岩石，墙身内为夯土外用石块包砌。墙体剖面为梯形收分不明显。墙体设施无存。现存墙宽 0.8—3.5 米，现存高度 0.2—0.8 米。现状该段墙体为夯土外包石。

龟山长城不仅城墙相对完整，其附属设施也非常完备，沿线有 4 座敌台，1 座烽火台，具有很大的研究保护价值。

龟山长城 1 号敌台，长城类别为单体建筑，经纬度为东经 120° 58′，北纬 41° 09′，位于锦州市凌海市板石沟乡大牛村牛大沟屯东南 100 米处耕地上，根据台体周围散落青砖碎块，推测敌台为青砖包土，材料为青砖与沙砾土。该敌台位于龟山长城挡马墙起点南 63 米处，距龟山烽火台 620 米，距龟山长城居住址 570 米。

龟山长城 2 号敌台，位于锦州市凌海市板石沟乡下板石沟村东北 1000 米处龟山上，台体周围散落大量毛石，敌台为毛石干垒，多采用毛石和自然石块砌筑。该敌台位于龟山长城 3 段止点东北 9 米处。

龟山长城 3 号敌台经纬度为东经 120° 58′，北纬 41° 08′，海拔 102 米，位于锦州市凌海市板石沟乡下板石沟村东北 550 米处。根据台体周围散落

龟山长城 2 号敌台

龟山长城 3 号敌台

龟山长城 4 号敌台

青砖碎块，推测敌台为青砖包土，材料为青砖与沙砾土。该敌台位于龟山长城 4 段止点北 118 米处，北距龟山采石场 249 米，南距龟山长城 4 号敌台 57 米。

龟山长城 4 号敌台经纬度位置为东经 120° 58′，北纬 41° 08′，海拔 96 米，位于锦州市凌海市板石沟乡下板石沟村东北 500 米处。根据台体周围散落青砖碎块，推测敌台为青砖包土，材料为青砖与沙砾土。该敌台位于龟山长城 4 段止点北 61 米处，北距龟山长城 3 号敌台 57 米。

龟山烽火台经纬度为东经 120° 58′，北纬 41° 09′，海拔 282 米。位于锦州市凌海市板石沟乡下板石沟村东北 1300 米处高山上。根据台体周围散落毛石碎块，推测烽火台为内夯土外包石，多采用毛石和自然石块砌筑，材料为石块与沙砾土。该烽火台西距龟山长城 1 段 43 米，西北距龟山长城居住址 87 米。

历史车轮滚滚向前，朝代更迭浩浩荡荡，在过往的道路上留下深深的印痕。明朝推翻了元朝的统治，但退回到漠北草原的蒙古贵族的后裔鞑靼及瓦剌，仍经常不断地南下骚扰，企图卷土重来。接着，东北又有女真族的兴起，也威胁着边境的安全。为了巩固北方的边防，在俺答汗同明朝和好之前的整整两百年间，明朝一直没有停止过长城的修筑工程。

烽火台

明代辽东都指挥使司辖地"东至鸭绿江，西至山海关，南至旅顺海口，北至开原"，为防备蒙古兀良哈部和女真各部的侵扰，沿边修筑了一条长达880余千米的辽东边墙。关于边墙修筑的情况《明史》完全失载，《大明一统志》及杨守敬的《明地理志图》亦未涉及，唯在《读史方舆纪要》及《全辽志》中得窥其大要。

清代地理著作层出不穷，其中，清初顾祖禹独撰的《读史方舆纪要》颇受后世称道，被誉为"千古绝作""海内奇书"。《读史方舆纪要》以军事地理为主，集自然与人文地理于一身，作者顾祖禹为反清复明之需，十分注重对于军事的记述。

他鉴于明朝统治者不会利用山川形势险要，未能记取古今用兵成败的教训，最后招致亡国的历史，在书中着重论述州域形势、山川险隘、关塞攻守，引证史事，推论成败得失，"以古今之史，质之以方舆"。详细记载历代兴亡成败与地理环境的关系，而对名胜古迹的记载则相对简单得多。不仅前面9卷专门论述历代州域形势，而且每省每府均以疆域、山川险要、形势得失开端。各省形势及其在军事上的重要性，皆有总序一篇进行论述。《历代州域形势》和各省山川险要总论，几乎每篇都是甚有价值的军事地理论文。

《全辽志》则是明辽东巡按御史李辅于嘉靖四十四年（1565）编纂的辽东地区地方志，也是现存东北地方志中成书最早者之一。《全辽志》以任洛修辽东志为基础，依据"统紊昭晦，剔芜缀遗"的原则，重做编排，并补充了任志成书之后约30年间的珍贵史料。

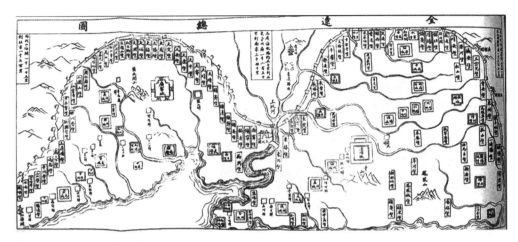

《全辽志·明代辽东总图》

　　辽宁作为长城资源丰富的省份，建设长城国家文化公园有着得天独厚的优越条件，辽宁境内长城因其建造年代之早、边镇排序之前、防御责任之重，坐拥明长城东端起点，在中国历史上有着特殊的重要地位，并获得"九边之首"的称谓。

　　沧海桑田，时过境迁。如今的龟山长城早已失去当年壮观的风采，虽然曾经的原貌我们已经无法复原，但仍可从现存史书典籍中找寻当年修建时的资料来了解最初的盛况和雄伟，《皇明从信录》中便有相关记载：

　　　　正统七年……命右佥都御史王翱提督辽东军务，时辽东守将屡次失机，朝廷以为忧，乃命王翱督之，令便宜行事。翱至，守将以下庭参，翱诘玩寇失机故，将斩之，再三哀请乃已。于是三军股栗，莫敢不用命，逾月躬行边，自山海关直抵开元，高墙垣，深沟堑，五里为堡，十里为屯，烽燧斥堠，珠连壁贯。[1]

　　从文中能看出，王翱带领修筑的长城途经锦州明长城，而龟山长城是锦州明

1. 陈建，沈国元：《皇明从信录》。

长城的一部分，所以龟山长城最初可能就是"高墙垣，深沟堑，五里为堡，十里为屯，烽燧斥堠，珠连壁贯"的样子。数百年前的宏伟景象瞬间跃然眼前，不禁感叹保疆卫国、长治久安是中华儿女千百年来最执着坚定的信念。

辽东长城河西段，经辽东都指挥司定辽前卫指挥佥事毕恭于正统二年（1437）初建，正统七年（1442）建成。[1]也就是说，龟山长城建造的主持者是毕恭，最初的建造是由他主持完成的，从这句话中也可得知，锦州明长城的始建时间也在正统七年之前。

明朝三百年间，龟山长城不断被修缮，日益坚固。锦州明长城的修缮工作多次被史书记载，《明宪宗实录》中记载："成化十三年（1477），修筑辽东锦义边墙壕堑城堡墩台。"《明世宗实录卷》中记载："嘉靖十一年（1532）以辽东宁前锦义边墙工完，赏镇巡等官银币有差。"《明神宗实录卷》中记载："万历六年（1578）修宁前冲要边台一十九座。以万历七年为始，调宁前参游二营无马步军二千四百一十七名，每年共修台六座。每名日给米一升五合，盐菜银五厘，于南卫夫丁银内支用"。

史书中记载的不仅有修缮工作，还包括了修缮中的开支用度，日常生活水平。辽河东长城自成化四年始建之后，于明万历元年（1573），巡抚张学颜、总兵李成梁又一次大规模地修建。

这次修筑长城为辽西、辽河套、辽河东三大部分同时进行。关于万历初年所筑长城，《明神宗实录》载：万历元年兵部批复了阅视传郎汪道昆移建孤上等六堡和修筑墙台"自锦州迤东抵三岔河，又自三岔直抵旧辽阳"的建议，拨银"四千一百二十两"。万历二年，兵部又复蓟辽总都刘应节继续修筑辽东长城的所请，"先修台工，计地百丈建台一座，加昌平镇之制，空心实下，庶可经久。两台

1. 刘谦：《明辽东镇长城及防御考》，北京：文物出版社，1989 年。

之间，止用砖与石为墙。"[1]

龟山长城是明朝为防御元朝没落贵族的复辟及蒙古鞑靼部、瓦剌部和朵颜三卫、女真人的侵扰所建，长城是世界古代史上最伟大的军事防御工程，它用长城沿线的军堡、隘口、关城和军事重镇连接成一面密不透风的墙，形成一个完整的防御体系。

按照《长城保护总体规划》要求，国家文物局研究确定了第一批国家级长城重要点段名单，明长城龟山段便位列其中，这不仅对于保护长城文化有极大的积极作用，也是让龟山长城走进大众视野的一个契机。

锦州市凌海市为推动龟山长城文化建设和传播，对龟山段进行了完整的规划：以明代长城遗址、锦凌水库为依托，向周边辐射，结合板石沟乡自然及人文资源，在龟山流域建立明代龟山长城国家文化公园。

辽宁长城国家文化公园建设工作领导小组印发的《长城国家文化公园（辽宁段）建设保护规划》要求到 2023 年，锦州段等 5 个重点区段的主要建设任务基本完成，各类型长城博物馆、长城风景道、长城标识系统、长城数字云平台等重点任务、重大工程、重要项目基本落地并投入运营。[2]

以凌海市龟山长城和北镇市广宁城城址为核心，包括凌海市板石沟乡、温滴楼乡，义县大定堡乡，北镇市区、大市镇、正安镇等相关行政村，总面积 590 平方千米，该项目段加强北镇市广宁城城墙、大市镇边堡及义县南树林子长城等遗址保护及展示，建设凌海市龟山长城遗址公园和大茂堡文旅融合景区，打造以长城烽燧文化为基础的医巫闾山文旅融合发展示范区，完成长城旅游风景道建设。

以"两带四区多点"为建设布局，实行重点建设阶段（2020—2023）、全面提升阶段（2024—2025）、远景展望阶段（2026—2035）建设目标三步走计划，分

---

1. 董耀会、吴德玉、张元华：《明长城考实》，南京：江苏凤凰科学技术出版社，1988 年。
2. 查金辉：《揭秘长城国家文化公园（辽宁段）建设保护规划》，《辽沈晚报》2022 年 1 月 21 日第 3 版。

类管控保护区、主题展示区、文旅融合区、传统利用区四类主体功能区，开展保护传承工程、研究发掘工程、环境配套工程、文旅融合工程、数字再现工程五大建设工程，以最完好的精神面貌重振辽宁长城文化，用文化带动文化发展，用建设带动建设升级。

2021年10月，锦州启动了《长城国家文化公园（锦州段）控制性详细规划》编制工作，围绕建设管控保护、主题展示、文旅融合、传统利用四大主体功能区，规划设计重点项目，着力做好核心点段建设。下一步，锦州市将进一步突出锦州区域特色，结合打造"英雄红色之城、历史文化之城、滨海休闲之城、美食飘香之城"。加强沿线文物、文化、生态资源保护利用，全面提升长城的文化价值和长城的精神内涵，讲好长城故事、弘扬长城文化、传承长城精神，把长城国家文化公园（锦州段）打造成为精品工程，使其成为锦州文化和旅游融合发展的新名片，助力锦州高质量建设区域中心城市，加快实现全面振兴、全方位振兴。[1]

以辽宁省现存最完整、景观价值最高的明长城为主体，重点展现辽宁地区古代军事防御体系的最高成就，将其打造为国家文化名片——"万里长城"的重要组成部分。

鉴于龟山长城对于长城研究的重要性，专家组重点考察了北镇大市镇边堡、广宁城城墙、义县大定堡乡南树林子村段明长城遗址、凌海龟山明长城遗址、大茂堡，实地登上城墙察看长城整体面貌，听取相关县（市）文化旅游行政主管部门负责人的介绍，详细了解规划线路发展情况。

《长城国家文化公园（辽宁段）建设保护规划》锦州段历史研究深入、项目定位明确、总体框架清晰、内容基本完善，并针对北镇、义县、凌海辖区内长城资源特点提出了具体建议。

---

1. 孙梦洁：锦州推进长城国家文化公园（锦州段）建设工作。https://travel.sohu.com/a/651513416_121117490（20230618）。

长城国家文化公园要进一步明确以凌海长城龟山段一级区段、义县南树林子—石桥子—石家岭段长城、北镇广宁城为核心，优化总体布局，实施过程中应注重保护历史信息。凌海段要围绕长城文化进一步开展研究、挖掘工作，突出锦州及凌海市明长城山海相融的特点；义县段要突出锦州及义县明长城军事建设与组织情况；北镇段要加强与现有文旅资源和道路现状的结合，考虑文化廊道项目，为长城国家文化公园建设提供必要基础条件。

长城国家文化公园建设是党中央推动新时代文物和文化资源保护传承利用的战略决策，是国家推进实施的重大文化工程。锦州历史悠久，文化底蕴深厚，要充分发挥资源优势，抓好长城国家文化公园的整体建设，做好长城本体的保护工作；文化是旅游的灵魂，旅游是文化的载体，文化和旅游高质量发展离不开各部门的紧密配合，相关部门要发挥自身优势，为文旅融合发展贡献力量，让璀璨的文化遗产在文旅融合发展的背景下迎来又一个春天。[1]

锦州市凌海市在建设龟山长城国家文化公园的基础上对龟山长城墙体及附属的敌台和烽火台进行全面修缮，同时对龟山山体进行生态修复，达到生态景观和旅游观光的标准。修建环龟山步骑行栈道，整合龟石、石盆、沉睡的大将军石、马屁股石等龟山自然景观及长城遗址。整治龟山周边环境，对整个公园基础设施进行改造，加强对环境治理，对景观提升、标识指引、风景语、游客集散服务、停车场、服务区、农业景观、照明亮化、安全防护等加强建设和提档升级。

龟山明长城遗址与锦凌水库的毗邻是历史文化游和现代文明游的有机结合，锦凌水库水域宽阔，周围青山翠谷，绿树成荫，是天然的氧吧，龟山长城国家文化公园借助良好的区位优势，能够开发建设成为集吃、住、行、游及历史文化体验于一体的高标准旅游观光娱乐区。

龟山长城是锦州古代农业社会和平安定的护盾。在近 600 年的历史长河中，历

---

1. 锦州市文旅广电局：《长城国家文化公园辽宁省专家组赴锦州实地调研》。

代统治者凭借长城，多次击退了北方游牧民族的侵扰，为封建社会农业经济的生存和发展创造了相对安稳的生产环境，也使人民的生活更加美好。

龟山长城的保护不仅是历史文化的传承，也是对世界文明多样性的保护，更是对中华民族艰苦奋斗、顽强不息的精神的赓续。党的十九大报告提出要"加强文物保护利用和文化遗产保护传承"，挖掘和保护长城及长城文化，能够使人民感受真实的历史原貌，增强民族自豪感，长城精神是人类宝贵的财富。

中央办公厅、国务院办公厅印发的《长城、大运河、长征国家文化公园建设方案》提出，到 2023 年底，初步形成三者沿线文物和文化资源保护传承利用协调推进的局面，龟山长城是全面推进国家公园建设的重要一部分。

龟山长城是万里长城的重要组成部分，它为防御游牧民族的入侵作出了贡献。它是锦州市境内的辽东长城保存最为完好的一处，在锦州市境内的辽东长城建筑形式及与辽东长城相关联的居住址、石臼、采石场等生活配套设施都有所体现，且在其他地方是不多见的，因此，具有较高的历史价值、科学价值和艺术价值。

再有，辽东长城不仅是明代军事防御的重要设施，也不仅是重要的文物古迹，也是我国悠久历史和灿烂文化的物化成果，是勤劳、智慧的先人给我们留下的历史瑰宝。

保护长城遗址，刻不容缓！长城凝结了太多的历史和故事，浓缩了太多的金戈铁马与英雄传说，这里，留存着先辈的信念，关注长城，保护长城，是一种义务，更是一种责任。

二、守境养民——大茂堡古城

大茂堡古城

　　锦州是座历史悠久的古城，是东北交通要道，是连接东北、华北两大区域的交通枢纽，自古以来就是兵家必争之地，著名的辽沈战役就曾在锦州打响。

　　凌海市温滴楼镇的大茂堡、大胜堡和义县的大定堡被称为"锦州三堡"。三堡相距皆为15千米，附近有墩台多个，互相呼应，形成完备的长城战略防御体系。巍巍城墙，悠悠历史，诉说着绵绵旧事，引发了人们无限的好奇心。

　　大茂堡位于锦州市凌海市温滴楼乡大茂堡村，具体位置为东经121°07′，北纬41°16′。大茂堡古城现存残墙高2.5—3米，墙宽2.3—5米，东北角圆形敌楼残骸清晰可辨。城门向右至右下角的城墙，现在只有整个长度的中段还存有条石基础，被村民当成院墙。古城的右侧城墙从右下角开始向上，大约占右侧城墙总长的三分之一部分，因为二道河河流涨水冲刷现已无存；剩下的占总长的三分之二部分底部基础保存完好，近几年也曾进一步修复。保留有圆形的城台建筑，近些年进行了加高修复。古城的最上面横向的城墙，只是在靠近两侧圆形城台的部分还存有很短的一部分条石基础，其他部分已经不存在。[1]

大茂堡古城墙，不仅规模宏大，而且历史悠久，虽经几百年风霜雨雪的肆虐和战争的洗礼，却仍然保持着原始的风貌。

这座城墙是明朝成化七年（1471）修建，海拔102.7米，西北距杏花寺800米，东南距龙泉寺800米，东北距双井寺约2千米。该城址呈方形，南北长165米，东西宽165米，占地面积27225平方米。与《康熙锦县志》载"城北三十五里周围一里一百步东门"相吻合。城墙由长方形条石砌成，最小块长0.8米、宽0.4米，最大块长1.25米、宽0.5米，石块厚0.4—0.5米，城墙巍峨坚固，特别易于防御敌人的进攻。

墙内夯土充心。东设城门，门宽6米。北墙中部有一门，相传毛驴配驮鞍驮物可出入，四角设有圆形敌楼，辽代建筑角楼多为方形，唯大茂城为圆形，其形制相当少见。作为明代众多堡城之一的大茂堡，在《辽东志》中这样记载："官军三百五十员名，堡南蔡家堡可屯兵，分水岭可按伏，安平台、新筑台、安宁敦通贼道路，锦州城兵马可为策应。"而在《全辽志》中则明确记载，大茂堡归属于广宁中屯卫，也就是现在的锦州管辖。

据专家考证，大茂堡应为明代辽东长城沿线重要城堡之一，对研究及考证明代军事设施及布防情况具有一定的历史价值和实物价值。据了解，2012年5月大茂堡古城墙被列为凌海市县级文物保护单位；2013年3月被列为全国第五批重点文物保护单位。[2]

---

1. 辽宁锦州境内的长城边堡"大茂堡"。https://baijiahao.baidu.com/s?id=1727886321794776010（2020324）。
2. 《锦州城北三"堡"：大茂堡、大胜堡、大定堡列为全国重点保护文物》。https://baijiahao.baidu.com/s?id=1727886321794776010（20230403）。

据当地村民传说，大茂堡古城内有井四眼，当时其中一眼因一狼崽掉入淹死，俗语有狼死绝地之说，以为不祥，故石板覆其上而废弃。西北角有一古井历时五百余载，仅四五米深，但井水甘洌好喝，上水快，虽经历几百年光景，现附近村民依旧饮用，人们无不赞叹古人智慧之神奇。

大茂堡古城墙之所以保护如此完好，得益于禹家祖孙三代以及部分村民的保护。据当地的向导禹宝龄回忆，从20世纪六七十年代开始，禹家三代人便开始守护城墙，70年代一些百姓拆城墙修房屋，为了保护城墙，禹宝龄与父亲商量，在城墙上栽种了很多树木，自从栽种树木之后，破坏城墙的事件就少多了，而禹家人也因为城墙的事与很多村民弄得不欢而散。禹宝龄说，现在城墙上的十几棵树都已长成了参天大树。

大茂堡南距锦州市区25千米，北邻209省道，是扼守锦州城北的咽喉要道，地理位置十分重要。该堡城建于明代正统七年（1442），呈正方形，基本保存了堡城四面墙体轮廓，城内布局较为完整。城墙以大块花岗岩条石做基础，上面整齐垒砌石块。

东墙：从东北角往南约40米，墙体保存状况较好，条石墙体4行，错缝砌筑，白灰勾缝，大部分脱落，条石长0.2—1米、厚0.4—0.5米，条石墙体上干垒不规则小石块，墙体残高2.5—3.4米，宽0.6米。其余131米保存较差，大部分墙体被拆除，只留条石基础，墙里靠角楼往南有一马道长约40米，宽1.3米。此段墙体全长179米，保存状况较好。

南墙：从东南角往西约30米，保存状况较好，残高3米，宽0.6米，其余110米保存状况较差，部分段墙体消失。在东北角往西8米处，有一排水口，长0.4米、宽0.4米。此段墙体全长140米。

西墙：在西北角往南约30米、西南角往北约60米，保存状况较好，残存条石4—5行，残高2.6米，此段墙体中部外有一马面，平面呈方形，边长4.7米，残高3米。马面往南20米处城墙，墙体里侧被村民扒开宽1.4米豁口，马面往北还残留长约 4 米墙体，再往北约 40 米墙体消失，被村民建房占用。此段墙体全长 186 米。

北墙：从东北角往西约 75 米，保存状况一般，残高 1.6—2.5 米，宽 0.6 米，其余墙体消失，被村民建房占用。此段墙体全长 163 米。

大茂堡管辖东边屯长城至石桥子长城约 10 千米的长城墙体。它是辽宁省境内现存较为完好的堡城之一，也是唯一一座圆形角楼的堡城。[1]

大茂堡全貌

大茂堡是我国长城的重要组成部分，也是锦州市唯一的一座现存较好青砖垒砌的实心方形敌台，它为研究我国明代长城的起始点和辽东长城的走向以及中国古代军事防御体系，明王朝与东北地区少数民族间边贸关系都提供了宝贵的实物资料。万里长城是中华民族的象征，是中国人的脊梁，保护好它可以提高民族自尊心和自信心，激发爱国主义热情。因此，大茂堡具有较高的历史价值、科学价值和艺术价值。

1. 锦州文物管理局：《大茂堡》。https://whly.ln.gov.cn/whly/wlzt/lnww/zdwwbhdw/0C28584B79C3447CAEF704804D6B9212/index.shtml（20230320）。

第六章

锦州义县南

树林子长城

锦州义县明代长城，始建于明英宗正统七年（1442），总长度76千米，途经6个乡（镇），长城墙体77段，敌台76座、烽火台36座、堡城6座、相关遗存14处，其中以大定堡乡南树林子村台子沟屯西山遗存的城墙最为完整。

一、历史记忆

南树林子长城段，属义县明代六大堡城的大定堡管辖，为明长城军事防御体系重要组成部分。史料记载，辽东长城河西段，经辽东都指挥司定辽前卫指挥佥事毕恭于正统二年（1437）初建，正统七年（1442）建成。[1] 成化十三年（1477），修筑辽东锦义边墙壕堑城堡墩台（《明宪宗实录》）。嘉靖十一年（1532）宁前、锦义两路边墙再度维修。第二年，辽东巡抚吕经主持修边。万历六年（1578）六月起，小修宁前锦义边台，调宁前、锦义参将游击二营马步军二千余人，维修辽东城墙。

二、地理位置及保存现状

南树林子长城位于义县大定堡乡南树林子村西北山脊之上，所在山地海拔500多米，山势高峻陡峭，充分体现了明长城"因地形，用制险塞"的建造特点，是义县明长城至今整体保存较好且有连续性的一段，走向为西北向南，全长2867米，此段长城与2个乡镇5个村屯毗邻，西侧毗邻209省道（锦义公路），西侧1200米

1. 刘谦：《明辽东镇长城及防御考》，北京：文物出版社，1989年。

处为锦州—义县（西线）公路。此段长城北与石家岭长城相连，南与凌海市乱泥塘子长城相邻。南树林子长城系毛石干垒，修筑于西北至南走向山脉上。该段主墙体基础为自然山体岩石基础，墙身用毛石错缝干垒。因地形用制险塞，五里为堡，十里为屯。战争墙宽且高，墙体向上收分不明显，剖面呈梯形，墙体设施无存，墙宽2.5—3米，现存残高0.5—3.5米。文物对于我们来说是历史的亲历者、见证者，因为这些文物，我们可以感知到历史，从文物中可以看到那些我们不曾遇见，但是与我们息息相关的事物。2013年5月，义县明长城遗址——南树林子段被国务院补充公布为全国第五批重点文物保护单位。2014年10月，义县明长城遗址——石家岭段被辽宁省人民政府公布为省级文物保护单位。

南树林子长城

三、现代保护工作

明长城辽西丘陵段的特点是广泛分布于荆棘遍布的崇山峻岭之中，遗存有烽火台、驿路台、古城址、边门隘口、毛石干垒墙体、劈山墙、山险、采石场、居住址等。由于长期受自然和地质灾害的侵袭，外加附近居民开荒拓田、砍伐树木、修建屋舍的人为破坏，导致大部分遗址早已面目全非。

2017年，南树林子段烽火台发现多处直径在1米、深4—5米的垂直盗洞。此段长城位于崇山峻岭且人烟稀少，为不法分子提供了充足的时间（烽火台为砖石或夯土石人工实体建筑，内部无任何古墓葬特征）。

明长城沿线烽火台遗址被误认为古代墓葬，多处遭到了盗挖，致使很多古文化遗址遭到破坏。锦州市委对义县南树林子长城保护与展示项目建设情况进行了实地调研，并召开了项目推进会。在省市编制《长城国家文化公园建设保护规划》过程中，义县长城国家文化公园建设有4个项目报省入库，被列为中远期项目。长城空间结构上，义县列入一级区段3个、二级区段2个、三级区段2个，进一步划定了四类主体功能区：管控保护区、主题展示区、文旅融合区和传统利用区。在规划主要建设任务分解表中，《南树林子长城段保护展示项目》列入"国家风景道"项目和长城文化经典线路规划，为保护传承基础工程。项目依托明长城沿线交通系统，串联丹东—朝阳—锦州—葫芦岛，建设"万里长城"国家风景道，通过长城+"辽西文化走廊"展示线，以明长城为主体，体现东北地区与中原重要的民族文化经贸廊道，展现长城所蕴含的中华民族不畏艰难险阻、顽强不屈、吃苦耐劳、自强不息的精神特质。

2021年11月24日，义县召开长城国家文化公园建设工作领导小组会议，领导小组现场敲定成立专班机构，统筹推进"义县长城＋现代文旅融合区"项目建设工作，确定义县农业农村局牵头，联合发改、财政、水利、自然资源、交通、林草、文旅、相关乡镇等各部门，发挥各自职能优势，就南树林子长城保护展示项目工程、南树林子村新农村建设项目、文旅融合区道路拓宽工程、葵花园、油菜花海、金银花种植园、高油花生种植带、采摘园（设施农业）等8个项目，加强联系对接，紧密配合，整合资源形成合力，推进义县长城国家文化公园、文旅融合建设工作。

2022年2月25日，义县认领37项主要建设任务，重点推进义县南树林子长城段保护展示项目，计划投入专项资金787万元，对存在险情的长城重要段落和长城本体进行复原归安加固，建设长城全方位展示游览步道线路，设置展示标识及参观引导设施，在重点景观和主要观景点设置观景平台。目前，该项目立项以及《工程设计方案》编制、评审、工程招投标等工作已经全部完成，国家专项资金已经到位。正在进行物料准备、地形勘测等工程前期工作，原计划2022年3月开工建设，计划2023年年底前完成。[1]

收尽苍凉残坏，布下明媚朝晖。长城默默诉说辉煌璀璨的往事，描述着当年的历史盛况，记载着曾经的铁马金戈，而现在，又散发着新时代的活力，拉近与人们的距离。

---

1. 义县人民政府：《关于市十七届人大一次会议第135号代表建议、批评和意见的答复》，2022–08–25。http://www.lnyx.gov.cn/info/1056/18466.htm。

四、发展

目前，南树林子长城段保护展示项目列入"国家风景道"项目和长城文化经典线路规划，正在陆续建设长城国家文化公园，南树林子长城等这些隐没于郊外大山深处的古代文化遗址将逐步向社会各界人士敞开怀抱。

长城长，蜿蜒与海相邻；长城陡，万阶上天际；长城久，千年风霜未坍塌。在2022年8月9—10日举办的广东文化和旅游产业投融资对接会上，地方招商引资推介重点项目——明长城风景廊道建设项目做出规划：占地面积4平方千米，以中央预算内投资787万元的义县南树林子长城段保护展示项目为依托，借助义县南树林子长城区域交通便利优势（锦州北站、省道209附近，距锦州约20千米），重点在义县石桥子—南树林子—石家岭长城周边诸多明代村屯历史民俗文化资源，串联辽沈战役纪念林、红旗水库等多个旅游点位，挖掘长城民俗文化，开发冰雪大世界、红旗水库冬捕、水上乐园等当地特色资源，整合优化、连点成线、聚线成面，打造以长城体验为主题，集户外运动、乡村旅游、特色美食、生态观光等多功能为一体的长城国家文化公园文旅融合区和风景廊道。凭借廊道全域旅游，预期年接待游客100万人次以上，农文旅产业年产值实现5亿元以上。

在空间布局方面，"长城文旅板块"重点在义县石桥子—南树林子—石家岭长城周边，开发大定堡、招军山、前招军沟、后招军沟、前营沟、后营沟、千军寨等诸多明代村屯历史民俗文化资源，串联辽沈战役纪念林、红旗水库、兴农种植基地、红源种植基地、鸿兴山庄、锦州国家地质公园（金刚山化石保护区）等多个旅游点位，挖掘长城民俗文化，整合优化、连点成线、聚线成面，打造以长城体验为主题，集户外运动、乡村旅游、特色美食、生态观光等多功能为一体的长城国家文化公园文旅融合区。

在启动实施义县南树林子长城段保护展示项目、义县长城＋现代文旅融合区项目的同时，义县正在对县境内 71 千米明长城两侧的乡村旅游资源进行摸排、挖掘和规划，"杨孟沟长城宿营地项目""北砖城子红色基地建设项目"两个乡村文旅项目正在建设，2023 年推出了涵盖县域长城重点点段和文化资源的"长城＋红色"旅游精品线路。在长城的一边，我们看到过文明之初的朝气，看到过礼制和反抗，看到过征服和守望，现在迎来的是开放和繁荣，自由与希望。祖先曾带着使命感为我们留下人类史上最珍贵的文化遗产，人们今天也帮助长城发展得更稳更远。[1]

---

1. 义县人民政府：《对市政协十五届一次会议第 177 号提案的答复》，2022–08–25。http://www.lnyx.gov.cn/info/1056/18467.htm。

第七章

幽州重镇：

广宁城

一、广宁城的历史记忆

广宁，今辽宁北镇，明长城九镇之一的辽东镇，驻地初在此地，归属辽东都指挥使司，曾是明朝在东北最高的军政机关驻地和管理东北女真人的基地。规模宏大，历史悠久，使得广宁城不但是政治中心、军事重镇，还是东北人民进行经济、文化交流的繁华城镇，它以城垣、城门的恢宏气势著称于世，有"城"也有"池"。

根据资料记载，广宁古城始建于辽代，公元947年，由契丹世宗皇帝耶律阮诏令修建。世宗耶律阮亲护父亲耶律倍灵柩由汴京归来，葬于医巫闾山，名为显陵。因陵设州，因州设城，南北1000米，东西1500米，为土筑城。是年，世宗"移渤海国显德府（今吉林省和龙县），于医巫闾山曰显州奉先军以奉护显陵"。"迁东京（今辽阳）三百户以实之"。显州下辖三州三县，即嘉州、辽西州、康州、奉先县、山东县、归义县。如今耸立在古城中间的鼓楼即当时古城的南门城楼。鼓楼前的通济桥，就是城南护城河的桥梁。如今的北镇古城可以说由两个朝代完成，辽代

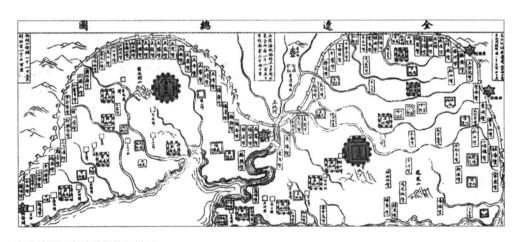

东北边疆辽东镇防御体系纵深

修建了北半部，明代修建了南半部。

明洪武二十三年（1390）五月，明廷委派指挥王雄在辽、金、元古城旧址重筑长方形土城，比辽古城规模大。周长九里十三步有余。城门五座，东曰永安、西曰拱镇、东南曰太安、南曰迎恩、北曰静远。后由都督刘桢用砖修了瓮城。

洪武三十年（1395），命都督杨文督东诸卫士兵，对广宁卫城进一步修缮，增修雉堞，以防边卫。明永乐年间（1403—1429）总兵官刘江主持增展广宁城东南关以授民居。弘治年间（1489—1506），备御胡忠又增展广宁城南关五百四十六丈，池深一点五丈，阔二丈，城围长十一千米四十五步。

明嘉靖十六年（1537）由左少监王永、都御史任洛、总兵官马永又重修古城，

瓮城——明洪武三十年（1397）

瓮城——明嘉靖十六年（1537）

门六座，西一门土塞，五门名称如旧。城上建箭楼四座，北曰镇朔、东南曰柔远、南曰望京、西曰瞻秀。

嘉靖三十四年（1555），都御史苏志皋扩建新城，又称南关。门三，南曰拱护神京、西曰振武、东曰宣化，与旧城合计为周长十七华里。将卫城扩展到城二道河北岸，二道河成为当时的护城河。城门六座，除原五门外，又增修一座小西门，规模相当宏伟，并将通济桥北钟、鼓二楼全部复修。

嘉靖三十五年（1556）

秋大水将南关冲毁。又由当时都御史苏志皋与总兵官罗文豸督工重修，在迎恩门外修筑南关。

瓮城——嘉靖四十二年癸亥

清朝立国后，康熙三年（1664），由于战乱，使古城周长减为十华里二百八十步，高三丈五尺，厚一丈五尺。除南关的拱护神京门改为迎恩门外，其余各门名称依旧。到乾隆年间，城楼与南关厢三门都已损坏，护城河壕沟淹没。乾隆四十三年（1778），皇帝东巡路过广宁县城，见城墙多年失修，乃下令重修广宁城。因南关厢倾圮不堪，故未加修葺。重修后，城周围共十二华里二百一十步，城门五座。城上建箭楼四座，南曰望京、小南门曰柔远、西门曰瞻秀、北门曰镇朔。城东南角建魁星楼一座。经过这次维修，使广宁古城规模固定下来，以后二百年未变。

古城经过多次复修，最后使大南门与鼓楼、双塔在一条直线上。人站在大南门箭楼上，北观鼓楼、双塔，正好鼓楼在双塔中间，双塔在鼓楼左右。俗话形容说："南门不正鼓楼偏，玲珑宝塔立两边。"

1943年以后，古城逐渐遭到毁坏。伪满康德十年（1943），勤劳奉仕队扒掉西门瓮圈。

1947年12月15日，东北民主联军第八纵队第一次收复北镇，后退出。

1948年1月5日，"东野"第八、九纵队再次收复北镇。出于军事需要，动员群众扒掉城头女儿墙，又扒开五处大豁口以便出入。

1949年，拆除了泰安门的部分瓮城砖。

1957年城内修建工人俱乐部，拆用小南门的部分城墙砖，其他部位都保存完好，当时属于省级文物保护单位。

　　"文化大革命"中，古城遭到严重毁坏。县革委会修看守所和防空洞等较大工程，拆用大量城墙砖。随之，许多单位修筑防空洞和个人家庭建筑，都争相去拆取城墙砖。

　　1971年6月1日，北镇县革委会发布《禁止擅自扒毁古城墙的通告》后，毁城之风稍有收敛。但1972年9月修县体育场时，又扒掉西门一带的城砖，此后单位、个人的毁城之风愈演愈烈，至1973年，除城内部分城墙得以幸存外，其余大部分都是残垣断壁，土砾堆积，触目伤神。

　　1976年北镇县革委会鉴于当时状况，做出委托交通局组织各部门在古城地基上削平残墙修建环城路之决定。至此，经历千年风雨沧桑的古城墙亦不复存在。

瓮城——古城遭到严重毁坏

瓮城（2006年—2014年）

瓮城（2017年5月）

2006 年，广宁古城墙被列为国家级重点文物保护单位。

2014 年，城内残城垣得到部分修缮。

2017 年 5 月 15 日，北镇市广宁古城墙的西段二期工程全面开始施工，沿原墙基础修筑环城公路至今。

二、广宁城的重要古迹

（一）鼓楼

北镇鼓楼

北镇鼓楼即辽代显州城南门的城楼，位于古城南北大街中部，是北镇的地标性建筑之一。洪武初年，明廷循辽、金、元故城旧址再筑土城，设立广宁卫，嘉靖四十二年（1563），都御史王之诰扩筑里城时，这里变成了城池的中心，在此修建了鼓楼。明英宗天顺年间，鼓楼作为旗纛庙，悬挂着军帅大旗。李成梁、马永驻守广宁时，以鼓楼为点将台。故鼓楼在广宁八景中又称"鼓楼点将"。明天启年间，后金占北镇城，撤离时，进行了彻底破坏和焚毁。此后，历代当政者都重视鼓楼的维修，清末、民国、伪满时都进行了重修。新中国成立以后，鼓楼被列为国家级重点文物保护单位。如今的鼓楼是清乾隆年间在明鼓楼基址上建立起来的。

鼓楼建在大方形台基上，是重楼式建筑，坐北朝南，高 17.8 米，台基为砖石结构，南北 20 米，东西 24 米，高 8 米，正中辟南北拱洞通门。民国十八年（1929）

维修时，南面门楣匾额上题"幽州重镇"，北面门楣匾额上题"冀北严疆"，分别为当时的北镇县令李万里和北镇才子万寿所写。鼓楼东北角有花岗岩踏跺 39 级，可沿此登上台基顶部。台基上东南、西南二隅各立一根 6 米高的红色旗杆，中间陈设两座香亭和一个香炉。台基正中为二层鼓楼。下层为砖木结构，面阔三间，进深一间，四周有回廊。四壁各辟券门，四根角柱直贯顶层。下层楼室内东南角设一木梯通向顶层。顶楼面阔三间，进深一间，为歇山小式大木结构。内有一面大鼓，是帅帐击鼓点将时的必备之物。

到了清代，鼓楼不再有军事意义，再不是阅武点将的高台，随着建庙宇崇宗教风气的兴起，鼓楼染上神秘的宗教色彩，世人把它视为胡仙的福地洞天。并且随着历史的推移，神话传说也逐渐增多，人们对鼓楼中仙道的崇拜程度也逐年加深。送匾、进香、上供穿袍，顶礼膜拜者接踵而至，鼓楼摇身一变成为闻名遐迩的宗教活动场所。

1993 年，鼓楼进行了一次较大规模的重修。楼脊、瓦盖、各饰件更换一新，重补"化险为夷、感同再造、仙骨佛心、保卫桑梓、捍患御灾、威灵显耀、洞天福地"等匾额，增挂"有求必应""神灵显佑"两块匾额。并在楼室内重塑了六尊胡仙泥像，二楼补制了大鼓。于鼓楼门洞之前立两座碑，一座是修缮碑，由余象乾先生撰文以志其事；另立一座赞助碑，列刻赞助修缮鼓楼的单位和个人名字。

高大恢弘、气势伟丽的鼓楼，如今远望亦是异常威武壮观。

北镇鼓楼旧影

（二）李成梁石牌坊

"独留杰构矗穹空，哲匠雕镂讶鬼工"，由于李成梁石牌坊构制得巍峨、奇特、精细、壮观，博得了历代文人、学者对它的讴歌和评点。这句诗是清末进士李维桢所作《古风歌行》，该诗是众多描写李成梁石牌坊作品中最具特色的，形象地描述了石坊的伟丽，肯定了劳动工匠的精巧技艺，简单地叙述了建造石坊的历史背景，颂扬李成梁的历史功绩。另对他晚年的贿通权门、骄奢无度等行为也作了客观的叙述，可谓褒贬适度。最后以对石坊这一历史遗迹空留人世而吊古伤今作结，词语尽而意无穷。

李成梁石牌坊位于北镇城内鼓楼南，步行街中，为古广宁府八景之一"石坊耸立"，与鼓楼遥相呼应。虽隔400余年，至今仍然保存完好，被评为省级重点文物保护单位。

李成梁石牌坊

李成梁（1526—1615），字汝契，号引城，铁岭（今辽宁铁岭）人，明朝后期将领，英毅骁健，大有将才。明嘉靖后期至隆庆年间，鞑靼插汉儿部多次进犯辽东。10年间，明三员大将相继战死。时值边备废弛之秋，李成梁莅任即募四方健儿抗击蒙古、女真各部的侵扰，由是军声始振。万历初期，灭建州女真首领王杲、子阿台部，数次大败插汉部酋长土蛮、泰宁部酋长速把亥；计杀海西叶赫部首领清佳砮、杨吉砮。在整个明朝将吏贪懦、边备废弛的情况下，镇守辽东30年间，先后奏大捷者十，边帅武功之盛，200年来所未有。因此，明万历八年（1580），明神宗朱翊钧为表彰当时的辽东总兵官李成梁镇守辽东功勋，命巡抚辽东地方兼军务督察院右副督御史周咏等人，为其建造石质三间四柱五楼式、单檐庑殿顶仿木结构牌楼。

该石坊全部采用暗紫色沉积砂岩建造，高9.25米，宽13.1米，翘檐、通枋及栏板斗拱等制作精美，间饰人物、四季花卉，鲤鱼跳龙门、一品当朝、二龙戏珠、三羊开泰、四龙、五鹿、海马朝云、犀牛望月、喜禄长寿封侯等浮雕，吸引了无数游人驻足观瞻、流连忘返。

坊额竖刻"世爵"二字，横额刻有"天朝浩券"及"镇守辽东总兵官兼太子太保宁远伯李成梁"字样；下刻"万历八年十月吉日立"。中柱柱脚前后各有夹柱石狮两对，边柱前后各置鼓心雕花云形抱鼓石两对。外侧各有石兽一只。

李成梁石牌坊整架石坊精秀俊美，是辽宁地区几座著名石坊佼佼者，具有较高的历史、艺术价值。

三、广宁城的文化传播

在美丽的渤海之滨，有一座小城，它因为一座大山而得名，也因为这座山而繁盛神奇，它就是辽宁省锦州市的北镇。

在宋朝的一位大臣许亢宗所著《奉史行程录》中记载："出榆关，以东行，南濒海，北现大山，山忽峭拔摩空，苍翠万仞，乃医巫闾山也。"古时的榆关就是山海关，过了山海关东行，就看到了医巫闾山。于坦荡的辽河平原西部，医巫闾山突兀而立，山势自东北向西南走向，纵长 45 千米，横宽 14 千米。

医巫闾山古称于微闾、无虑山，今简称闾山。战国时期的伟大诗人屈原曾发出"朝发轫于太仪兮，夕始临乎于微闾"的感叹。屈原身处南方，当时不可能来到北方，但却在诗歌中表达了对这座名山的向往。医巫闾山长期以来为游牧民族所控制，它一方面拥有华夏文明的基因，同时也有浓厚的"夷狄"味道。有一种观点认为，"医巫闾"之所以比较拗口，可能是源于胡语音译，原意是"大山"。因为地理位置特殊，它既是游牧民族心目中的圣山，又是中原王朝的边疆镇山。

东汉学者郑玄为《周礼大师乐》注解中提到："四镇，山之重大者，为扬州之会稽山，青州之沂山，幽州之医巫闾山，冀州之霍山。"当时，"四镇"是最重要的四座山，祭祀四方神灵的圣地。经过数次调整，在这"四镇"的基础上又增加了"西镇吴山"，衍化成东、南、西、北、中五大镇山，地位一度与五岳相当。元大德二年（1298），元成宗孛儿只斤·铁穆耳所立的一块圣召碑，记载着五镇的名字。

唐朝时期，唐玄宗李隆基开始把五镇封成官爵，他把医巫闾山封成广宁官，这就是北镇被称为广宁的最早起源。到了辽宋金时期，把医巫闾山封成广宁王，元朝大德二年（1298），又把医巫闾山封成贞德广宁王。到了明朝，朱元璋把医巫闾山封成医巫闾山之神，从那时起，中国的五岳和五镇都被封成了神。

公元 594 年，隋文帝诏令，就山立祠，为医巫闾山修建庙宇，就是现在的北镇庙。与其他庙宇不同的是，这里供奉的是医巫闾山之神，是把医巫闾山拟人化，以人物的形象供奉在庙宇里。

北镇庙是皇家庙宇，布局深远、规模宏大，是如今五镇庙宇当中保存最完好的大型古建筑群，北镇庙山门前有一座石牌坊，石坊前后左右四角有石狮子四个，走进山门，建筑均在中轴线上，依山势排列，由南向北层层升起，从前至后分别是山门、神马殿、御香殿、大殿、更衣殿、寝宫，庙东曾建有广宁行宫，是清朝皇帝东巡祭祖时或祭拜医巫闾山神时的驻跸之所，现已无存，广宁行宫的设立更显示了北镇庙作为皇家镇山神庙在清王朝历代帝王心中的重要位置。

由于战争等原因，北镇庙几经毁坏和复修，最后一次的大型维修是在清光绪十八年。凡是新皇帝登基，改朝换代，或是天时不顺，地道欠宁，皇帝都要祭拜五岳五镇，除在京城祭祀外，历朝历代皇帝亲祭、遣官致祭、望祭、府祭、州祭、县祭从未间断。清朝康熙皇帝赞医巫闾山"万古镇幽州，秩祀同岱宗"。乾隆皇帝四次东巡祭祖，四游闾山，并亲到北镇庙祭拜医巫闾山之神。据史料记载，曾有100多位帝王来到医巫闾山祭祀封禅。在北镇庙里，还保存着56块碑，记录着当时祭拜的情况。

在北镇的历史上，宗教文化非常繁盛，先后建有400多座庙宇。在北镇市广宁城内东北隅，有一座建于辽代的崇兴寺，占地面积达3000多平方米，该寺于1967年被毁，仅存大殿五间。寺前耸立着的辽代晚期所建的崇兴寺双塔，双塔坐北朝南，东西相对，相距43米。东塔高43.85米，西塔高42.63米，两塔的形制基本相同，均为八角13层实心密檐式砖塔。在夕阳的余晖中，并肩耸立的双塔呈现着耀眼的金色，仿佛在诉说着那个时代的辉煌。

在北镇的历史进程中，辽代具有特殊重要的意义，辽天显元年（926），耶律阿保机率军灭渤海国之后，将其地封给长子耶律倍，医巫闾山也包含在内。也就是在这个时候，北镇第一次有了州一级的行政建制，第一次进行了大规模的城市建设，第一次进行了大规模的移民，使这里得到了前所未有的开发，为北镇的千载辉煌奠定了坚实的基础。耶律倍死后就葬在医巫闾山，他的"龙眠之地"被称为显陵，此后，辽代的第三位皇帝耶律阮、第五位皇帝耶律贤和萧绰皇后、末代皇帝天祚帝耶律延禧等，共有6位帝王、10位皇妃、20多位大臣埋身于此，形成了庞大的辽墓群，成为东北地区时间最早、埋葬人数最多的皇陵区，也使北镇具有了奉陵邑的特殊地位。

朱元璋建立大明政权后，元朝的残余势力向北退缩，明朝廷在洪武二十三年（1390）建立广宁卫，同年五月设置辽东广宁都指挥使司，以王雄为指挥佥事，王雄在辽金元土城旧址上，向南部扩建了广宁土城。后来由都督刘祯将这座土筑城重新改建，包砌砖石城墙。据《辽东志》记载，王雄建城之后，朱元璋封第十五子朱植为辽王，驻守广宁，当时的广宁城设城门五座，设立广宁中、左、右三护卫。到了明朝嘉靖年间，广宁城内建有总兵府、按察司、广宁五卫及文庙、书院、仓库等许多机关设置，多个庙宇更是遍布城内，说明广宁在明朝时期的政治、军事、经济、文化方面都占有重要位置。

广宁不但是关外的政治中心，还是明朝监管女真的军事重镇。明后期后金崛起，这里一直是双方反复拉锯的恶战之地。医巫闾山的主峰上有座高台叫白云关，最初是辽太子耶律倍修筑的瞭望台，到了明代一度被纳入辽东长城防御体系。

作为军事重镇，广宁有过数任总兵镇守于此，其中，战功显赫的要数明代万历年间的总兵李成梁。于今天的北镇中央大街上，我们能看见一座赭色棉石建造的高9米、宽13米的精美石坊。"世爵"二字刻于额上，大匾刻有"天朝诰券""镇守辽东总兵官兼太子太保宁远伯李成梁"字样，二龙戏珠等图案环绕周边。这是为了表彰李成梁的功绩，明神宗朱翊钧于万历八年（1580）敕建的"李成梁石坊"。

隆庆四年（1570），李成梁担任总兵官镇守辽东，驻守在广宁。在明朝将吏贪懦、边备废弛的时代，李成梁前后镇守辽东近30年，屡破强豪，力压各路北方游牧部落，拓疆近千里，辽东成了一道坚固的屏障。

张学良与北镇和闾山有着不解之缘。张学良少年和青年时代曾多次到北镇赵家村张氏家庙祭祖，在他的《医巫闾山赋》中，他还鲜为人知地披露了儿女们名字的来历。他根据周朝《尔雅·释地》所载："东方之美者有医巫闾山之珣玗琪焉！"他给三个儿子分别起名为张闾珣、张闾玗和张闾琪，珣玗琪就是美石的意思。北镇市还是著名的水果产地，北镇葡萄、鸭梨、南国梨、秋子梨等享誉全国。每年4月下旬的梨花节期间，百里医巫闾山梨花竞相开放，漫山遍野的梨花雪绘就了北镇特有的一道风景。

历史文化悠久的北镇，有着太多的神秘和传说。这里的每一座山、每一座寺甚至是每一块碑，都能演绎出一段惊世传奇和风云篇章。历史以它灿烂的光辉照耀着现在，成为北镇人引以为傲的资本，一方水土哺育一方人，如今的北镇人正在以山水为依托，发掘和守护着珍贵的历史文化遗存，让走进北镇的人们感受到古城的魅力。

"青山遮不住，毕竟东流去"，历史的潮流滚滚向前，广宁城的兴建至今已有千余年的历史，她像一本厚重的书，这里的一砖、一门、一条河，都是这本书中一字一行一页，讲述着她的传奇故事。这里见证了朝代的更迭、战火的纷飞，肩负着地方军政中心的使命，有过经济繁荣、文化昌盛的辉煌时期。[1]

四、大市堡子——镇边堡城

镇边堡城

镇边堡城址，俗称大市堡子，位于辽宁省锦州市北镇市大市镇大一村，是阜新、义县、北镇三地的交界处，南距广宁城25千米，这里四面环山，为兵家必争之地。镇边堡城坐北朝南，为长方彤石砌城墙，南北长312米，东西宽215米，周长1054

1.《辽宁历史文化名城名镇》之幽州重镇·北镇系列。https://mp.weixin.qq.com/s/C0LS7Kid7hHhFtCXY6vZdw（20210813）。

米，城内占地面积 67080 平方米。城墙高 5 米，基宽 5.6 米，顶宽 3.3 米，内外用石头包砌，中夯黄土。城墙四隅各设有一方形角台。南墙中部开有一门，宽 5 米，门额上刻"镇边堡"三字。西墙北部设有马面。如今城门已毁，东北角台和西北角台经修缮保存完好，北面墙体保存较为完整，外墙面还能连在一起，已经剥落的墙体高度从 0.3 米到 4.8 米不等，东、南、西面墙多塌毁近半，有部分墙段无存。因为风沙侵蚀、岁月更迭，它的存有率降低到 30%，东、西、南三面残存的墙体基本都在民居的院落里。镇边堡内侧有一座永宁寺（遗址尚存），庙前有一棵白果树，庙后侧有 50 多棵柏树，虽经历 500 多年，依然繁茂翠绿，年年开花结果。

镇边堡残留的城墙遗址，与山海关的包砖城墙相比，镇边堡的城墙为土石混杂型的野战城墙，城墙遗迹高约 5 米，墙体蒿草遍生，墙上杂树林立，城墙内有一棵柏树，树龄已过百年。内外由花岗岩、片麻岩石块包砌，中为夯土，墙上有垛口（上为瞭望口，下有射口），内有女墙，现墙址已破损，1961 年始，大市乡政府设于此。镇边堡城对研究辽东边墙及其沿线城堡的设置具有很高的历史和考古价值。2003 年 3 月 20 日，辽宁省人民政府公布其为第六批省级文物保护单位。2005 年省政府对镇边古堡依据"修旧如旧"原则进行了局部修复，镇边堡修葺后再现当年雄姿。2013 年经国务院公布为全国第五批重点文物保护单位。

大市镇在明代叫镇边堡，它曾在明代充当"屏障"，保护辽西乃至东北的统治中心"广宁城"，系明代万里长城的辽东长城的重要关堡之一，是连接关内外的战略要塞，据《辽东志》记载："镇边堡，官军五百一员名。堡东可屯兵，本堡可按伏。北三岔口台、喜峰口台、古路口台通贼道，广宁城兵可为策应。"记述了当时镇边堡

镇边堡城墙遗址

城的布防情况。清代末期，镇边堡成为边里边外的要塞，以后发展成进行贸易的大型集市，因此，镇边堡又有"大市堡子"之称。

自明清以来，镇边堡城是北镇地区北部政治、经济、文化、商贸的重要关塞。在其附近，出土有周鼎、燕国刀币和其他青铜器具等。明辽东巡抚许宗鲁有诗"医闾登眺倚雄边，辽左封疆指顾全。山势北来连靺鞨，海云东尽辨朝鲜。岩花竞暖霏香雪，塞草留春蔼翠烟。公暇暂同淹永日，喜无烽火报甘泉"。清人朱梦熊也写有"闾岫峨峨起，边风寂寂来。地迥连唐垒，霜高冷誓台"之句。足以证明镇边堡年代久远和地势的重要。

镇边堡城址

镇边堡城址始建于明正统七年（1442），距今已有500多年的历史，是辽东长城98座边堡之一，由提督辽东军务的王翱和指挥佥事毕恭修筑，该堡城位于辽西长城沿线镇夷堡和镇静堡之间，西北为魏家岭关口，辽东长城的七关之一，它凭借闾山天险而设，以险制胜，易守难攻，为辽东长城险关之一。西部为辽西长城北镇段墙遗址，附近尚有烽火台分布，是明代朝廷为防御当时女真、蒙古等少数民族对边境的侵犯而修建的，是明代辽东长城边墙的一个堡城，为研究考证明代边墙走向及明代军事布防提供了史实，并为考证堡城周围军事设施的设置布局和当时的政治文化背景提供了参考依据，具有很高的保护价值。

明朝立国伊始，明太祖朱元璋派遣大将徐达率军北伐，元顺帝携残余势力弃中原走漠北，继续驰骋于万里北疆。为抵御北元劲旅的袭扰，明廷开始于东北地区屯兵筑城以固边防。正统七年至成化五年（1442—1469），陆续筑长城，建边堡，又于山海关至辽东都指挥使司之间设立驿站，继而制定屯田、冶铁及煮盐等一系列制度，以供军需；并置总兵官镇守辽东，一个完整而严密的陆海防御体系自此形成。镇边堡是广宁卫城北方的重要门户，是沟通边里边外的要塞。有明一代这里常常烽烟四起，边患不断。正统十四年（1449）瓦剌首领也先率兵侵扰，扒毁边墙40多里，兵临广宁城下，明将提督王翱率众坚守城池，血战三昼夜终将也先击退。嘉靖二十七年（1548）蒙古部族首领把都儿率大军攻广宁卫，于镇边堡、镇静堡之间突入内地，明军战死339人，把都儿撤走时掳走男女数万。万历三十四年（1606）八月塞外炒花、卜台顾率二百余骑犯镇边堡被击退。

镇边堡西北关门遗址两侧有明长城遗址，远看似一段长满荆棘的土垄。明长城由义县进入闾山山区，山上尚存石筑烽火台，这段长城建筑风格是"高墙垣，深沟堑，五里为堡，十里为屯，烽燧斥堠，珠联壁贯"。当地老百姓习惯将大市镇所在地称为"三展皇边"。在辽西地区，经常会听到"边里"或"边外"的说法，所谓"边"，是指清政府为了表明禁区界限，护卫其"龙兴之地"，从辽西开始至吉林北部，掘土为壕，筑土为墙，插柳结绳，以定禁区内外而修建的一种人防工程，所以叫"柳条边"，也称"柳墙"或"条子边"。清康熙年间，曾三次向西北拓展柳条边，人们称之为"展边"或"三展皇边"。镇边堡及其附近的长城遗址可视为明代军事防御体系的缩影。

总之，镇边堡城址不仅是古代劳动人民智慧的结晶，还是农耕民族与游牧民族之间复杂的交流与战争的历史见证。

辽东镇长城，一般被分为三部分，即辽河西长城、辽河套长城和辽河东长城。黑山境内的长城，为辽河套长城的起点。黑山县境内长城主要分布在大虎山镇、镇安乡、太和镇、八道壕镇、胜利乡、白厂门镇。具体走向为：起于黑山县与北镇市界，由大虎山镇连城村康家屯向东北经连城村、七台子村，到五台子村转向西北，经四台子村、三台子村、二台子村、龙山村、万家壕村进入镇安乡；经东边村、下湾村进入黑山镇；经小龙湾村、陈屯村小壕屯进入太和镇；经胜利村东张家、白台子村小壕、尖山子村进入八道壕镇；经孔屯村、江台村、八家子村后壕屯郝屯村、八道壕镇所在地、陈八道壕、半仙屯进入白厂门镇；经石家沟村、翟家沟、义和屯、二台子村、城西村，长城出黑山县与阜新县境内的长城相接。

经历了5个多世纪，保存下来了从白厂门镇北的镇远关边门遗址到太和镇的尖山子之间的约15千米的长城遗迹。从白土厂关门遗址的北台开始向东南延伸，到距双台子1千米的皮边口子附近，被阜新至黑山公路截断。这段辽东长城基本保持着原始风貌，其墙体为两道平行夯土高墙，两道墙体间距为40米，高度均在3米以上。

过了公路辽东长城仍以两大墙为主体，中间原有一小墙已夷平为耕地，但仍能隐约见其略微凸起的走向。边墙呈西北、东南走向，沿一处丘陵而上至义和屯北山，长约1千米。山顶有望台遗迹。望台北侧约1.5千米处为海拔112米的二台山，山上有一座烽火台。

二台子墩台是黑山县境内保存最为完好的墩台，位于皮边口子村南，1984年被锦州市人民政府公布为市级文物保护单位。二台子墩台台高12.9米，底部直径14米，上口直径11.6米。平台呈圆形，剖面呈梯形由下向上逐收。基部用巨石垒砌，高2.2米，白灰抹缝，往上用长38厘米、宽16厘米、厚8厘米的青砖垒砌到顶。顶部每隔3.3米修垛口一个，共计8个。正南面垛口上设一出入口。

二台山烽火台建于明正统年间（1436—1449），呈圆柱形，上部稍收，底部直径13.2米，上口直径11.6米，高12.9米，整个建筑为砖石结构。石砌底座高2.3米，上部用长 38 厘米、宽 16 厘米、厚 8 厘米的青砖垒砌到顶，每隔 3.3 米修垛口一个，共有 8 个，正南面垛口设一个出入口。为黑山县境内保存最为完好的烽火台，1984 年被锦州市人民政府公布为市级文物保护单位。

从义和屯北山继续向东南顺山而下，越过一座丘陵至石家沟村，长约 3 千米。此段长城保存较好，墙高一般在 2 米以上，个别地点超过了 3 米。在距石家沟村 1.5 千米处出现了 3 条大墙和 3 条小墙的形式，大墙底宽约 12 米，整个边墙的宽度达到了 120 米。此处有望台一座。由于地处居民区，此处长城损坏严重，至进村后彻底毁断。

辽东长城在八道壕镇内虽然已完全损毁，却保留下来一座烽火台。该烽火台与二台山烽火台形制相仿，但破坏严重，仅存约 7 米高，中间已空，底部有多处残破的洞口，南侧石基向内倾斜，面目全非，1986 年 6 月被黑山县人民政府公布为县级文物保护单位。2010 年 5 月，八道壕进行了棚户区改造，并于当年回迁，过去那个低矮潮湿、拥挤不堪，环境"脏乱差"的八道壕成为了历史。一个崭新的八道壕新市镇拔地而起，休闲公园、绿地、集中供热、综合市场、幼儿园等相关配套工程相继竣工，如今的八道壕镇已成为省内棚户区改造的样板。修缮后建成的八道壕烽火台广场，空中俯视围绕墩台的中心广场呈八卦状。

"土厂门"，又称"白土厂关"，当地人称双棒台，实际为关城被毁后南关门和北关门遗址。北关门两侧长城仍存有 2 米多高的土筑城墙，关外有晾马山墩台和清柳条边遗址。

黑山实行军管制度，隶属辽阳。明朝废府路制，立军卫制，将广宁路改为广宁卫（治所今北镇）。黑山为广宁卫管辖，黑山治所在镇静堡（今白厂门）。

明朝时黑山开始设牲畜市场。明朝政府在辽东通往女真地区的交通重镇开设"马市"，以便女真和汉人以及东北各族之间进行商业交易。时马市有 3 处，"一于开原城南以待海西女直；一于开原城东；一于广宁以待朵颜三卫，各去城四十里"。《明史》卷二十八记载："朵颜三卫"其中之一是指"自锦、义历广宁至辽河，曰泰宁"，辽河在北镇以东，北镇以东 20 千米，是指今黑山团山堡。广宁马市设立一关一市。一关，指的是白土厂关（今黑山县白厂门），因为边境地区必须检查；一市，就是农贸市场。马市设置管理机构，以保证市场的贸易正常运转。

　　明朝时期黑山的民族有汉族、女真族、高丽族、蒙古族等。明朝黑山的汉族有一部分是明初来东北的兵士定居下来；另外还有一部分是地主或是因罪流放辽东的。辽东是建州女真人的发祥地，这一支女真人辗转迁徙，最后定居在辽东地区。在元末明初的时候，女真民族向南迁移。明代黑山地区高丽族居民不多，黑山境内的朝鲜族主要是金朝时期，被契丹强制移居在黑山，是渤海国率宾府部分居民，其中也含女真人。明太祖建立明王朝，元朝在辽东的残余势力已被消除，而于洪武二十二年（1390），对蒙古族采取安抚政策。总之，明代黑山区域的居民，其民族成分极为复杂，汉族固然是多数，女真族、高丽族等也都在黑山生活。

第九章

明代重要北疆防线——阜新明长城

一、历史记忆

　　阜新历史悠久，地形复杂，是内蒙古高原和辽河平原的中间过渡带，地处辽西北交通要冲，战略地位十分重要。阜新境内不仅有战国燕、秦、汉时期的长城遗迹，明代长城和清代长城也都经过这里，从战国时期到明代，修筑的长城横贯今阜新境内，犹如巨龙，蜿蜒在崇山峻岭、溪流河谷和平原沃野之上，成为防御匈奴、东胡等北方游牧民族的坚固屏障，虽然被历史淹没，但遗址尚存，是祖先留给我们的宝贵的历史文化遗产。可以说是五朝长城大聚首，长城奇观现辽西。

　　在阜新境内，有多处明长城遗址，阜蒙县新民镇卡拉房子村的卡拉山口就有一处，是阜新境内明长城遗址中保护最完整的一部分。明代辽东长城，是东北地区民

阜新明长城

族矛盾日益激化的产物，是针对蒙古和女真人修筑的重要军事防御工程，在一定程度上避免了农耕、游牧两种经济形态的相互冲突，是一条有形的经济文化界线。在明王朝二百余年的统治时间里，先后18次改造和修缮长城，在阜新地区形成了多条长城并行延伸的奇特现象。据《阜新史话》记载，东北地区的明代长城，历史上曾称之为辽东边墙，全长1960余里，分三部分：辽西边墙、辽河流域边墙、辽东东部边墙。阜新段的明长城是辽东镇辽西边墙，从山海关外起，经兴城、葫芦岛到义县，然后分主、副两线进入清河门区。阜新境内主要是明长城阜新段副线，基本为东北走向，从义县高台镇砬子山村老黑山东北坡进入阜新市清河门区河西镇双山口屯，经后窑村、岭东村、朱家屯村、靠边屯村穿汤头河和细河，因地势原因这段长城采取土夯墙青砖基础，进入阜蒙县伊吗图镇河东屯、卧凤沟乡曹家窝堡屯、周家窝堡屯、三家子屯后，开始进入山区，至新民镇排山楼村南尖山，奔国华镇十家子屯、三家子屯，这段为石砌墙，也有山险墙和劈山墙，经三家子屯至皮鞭子口屯从阜新出境，进入黑山县白土厂门二台子屯，总长50多千米。

在阜新境内的明长城遗址，阜蒙县新民镇卡拉房子村的卡拉山口处保存得最为完整。阜新段前沿的卡拉山口和魏家岭山口是后金和蒙古骑兵攻明的必经道路之一，战略地位十分重要。从地理位置、修筑方法、建筑结构与明代长城对阵战况史实的考证，这段长城是明万历年间辽东镇总兵李成梁为抵御元军和后金进攻修筑的，是保卫总兵府所在地广宁城安全的一道防线，也是明代的重要北疆防线。这段明代长城边墙的发现，为研究辽西古代军事设施建筑又增加了一项新的内容。

阜新境内的明长城故事，可以从明英宗朱祁镇说起。明王朝从明英宗朱祁镇时走向衰落，而东北地区的明长城修筑却从此时进入高峰。将阜新境内简易的边墙改建成坚固长城的，是明英宗时期的辽东提督王翱。据史学研究者刘国友所著的《阜新通史》记载，明英宗正统七年（1442），王翱以御史提督管理辽东军务。这一时期蒙古犯边的骑兵达几万甚至十几万之众，许多边墙已无御敌作用。王翱"依山形，随地势，或铲削，或垒筑，或挑堑，绵引相接，以成边墙"，这些举措使阜新地区形成了多条长城并行的局面。据《阜新古长城》记载，阜新地区的明长城主要由主线、副线、南北老边墙三大部分组成。明长城主线并没有经过阜新镜内，而是从阜新西南和南部边界线上通过。副线长城位于医巫闾山尾峰，是山峦密布地势险要的战略重地，为明北疆的必要防线，由明代大将李成梁修筑。在阜蒙县新民镇卡拉房子村东南方一个叫老边沟的地方，有一段石砌长城，方向自东向西又转向南，出阜新辖境，全长约8.5千米，称为"南北老边墙"。堡城和墩台也是长城的重要组成部分。堡城是守卫长城线上驻军的兵营，大小不等，每堡驻军五六百人，少则四五十人，均在靠近长城内侧的坡地或台地上。墩台一般都设在长城上，用于警戒、瞭望、传递军情。阜新明长城建40余处烽火台、敌台、马面，统称墩堠，亦称墩台。形状有圆有方，均为砖石结构。阜新地区辽东长城的堡城集中在清河门区，保存较好的有镇夷堡、大清堡。堡城与墩台的构建，为确保长城沿线的安全发挥了重要的作用。现如今，新民镇依托明长城遗迹，结合"黄金小镇"建设，让古老的明长城焕发出新的生机。

纵观阜新地区明代长城，关城用作指挥中心和军事基地，堡城用于屯兵设伏，城墙用为屏障，墩台用来瞭守报警，形成了坚固的防卫体系，在防御外部侵扰的战争中发挥了重要作用。后来它的关隘边门成为贸易的胜地、文化交流的通道，从而增强了各民族间的团结，促进了各民族的文化经济交流往来。

二、文化传播

（一）阜新"第一关"镇远关

镇远关是明长城沿线上的一道雄关。据资料记载，明太祖朱元璋为加强辽东长城的边防，于洪武二十三年（1390），在镇静堡正北置关，名叫"镇远关"，后又兴建广宁城（今锦州市北镇市）。镇远关下辖6座堡城：镇夷堡（今阜新市清河门区乌龙坝镇细河堡村）、镇边堡（今锦州市北镇市大市镇）、镇静堡（今锦州市黑山县白厂门镇）、镇安堡（今锦州市黑山县八道壕镇苇城子村）、镇远堡（今锦州市黑山县黑山镇）、镇宁堡（今锦州市黑山县大虎山镇南蛇山子村）。镇远关及其下辖的6座堡城，共屯兵4010名，管辖114千米的长城线军务。

镇远关遗址处有两个土台，南北对峙，相距200多米，状如小山，土台西侧是一条深深的壕沟，土台东侧有一段约1千米长的土墙，斑驳的墙上长满荒草，两个土台是当时南北两个关门的瞭望台，台为砖砌，填土夯实，如今砖被拆除，只残留夯土。土墙即明长城残墙，壕沟乃长城堑沟。

镇远关离明辽西重镇广宁仅35千米，作为军事前哨，这里曾经战火不断。然而，同样是在明朝历史时期，这里也是长城内外各民族之间互市贸易、交流融通的重要通道。

镇远关遗址

（二）长城脚下"蒙汉互市"

从民族学来看，长城形成的战国、秦、汉阶段，正是中国古代历史上第一次南北民族大迁徙、大交流从而达到大融合的时期。长城在当时既是"内诸夏而外夷狄"的藩篱，也是南北民族相互交融、消长的大舞台。明朝中期，活跃于明长城内外的"蒙汉互市"就是一个典型例证。在"蒙汉互市"的背景下，长城脚下清河堡的商贸活动也日渐兴盛起来。

1405年，蒙古兀良哈福余卫指挥喃不花要求到京师卖马，恰好明朝廷缺少军马，就指示辽东都司第二年在广宁（今北镇）和开原两地择水草方便的地方立市，由官府定出马匹的价格进行交易。各族人民在指定的地点定期进行贸易，称之为马市。因为在指定的关口进入边墙，在固定场所交易，所以又叫做关市。开始时只是买卖马匹，后来范围逐渐扩大。

永乐四年（1406），设辽东马市二所共有三市，一在开原城南，以待海西女真；一在开原城东；一在广宁，以待蒙古朵颜三卫，各去城20千米。正统十四年（1449）因脱脱不花以兀良哈之众侵犯辽东，遂裁革朵颜三卫互市，后因福余等卫再三请求，于成化十四年（1478）又恢复开原、广宁马市。广宁设一关（白土厂关，即今天的锦州市黑山县白厂门镇）、一市（今锦州市黑山县团山堡，后移至今锦州市北镇市马市堡）。马市每月开市一两次，来市进行贸易活动的多数是蒙古人、汉人，也有女真人。马市不仅买卖马匹，还可以从事粮食、食盐、布匹、绸缎、农具、铁器、人参、兽皮、蜂蜜、蘑菇等农牧手工业产品的交换。

马市的开设与关闭，受明政府与女真、蒙古人之间关系的制约。民族关系缓和时，马市就经常开放，一旦关系紧张，就立即关闭马市。

明穆宗隆庆年间，长城脚下的"蒙汉互市"达到极盛时期。1584年前后，开市日期不再受限制，几乎成了日市。明代中后期，政治极端腐败，辽东边镇将吏贪婪欺诈，营私舞弊，往往发生减价贱市、偷盗货物等事件。同时，一些女真、蒙古各部首领也往往出于一己之利，故生事端。于是，马市贸易遭到破坏。

马市的设立，不仅弥补了各地区、各民族生产发展的不平衡，互通有无，调节了产品的稀缺，也是文化集萃之地。中原的戏剧、音乐、舞蹈使女真人流连忘返，女真人的马术、箭法、歌舞也让汉族人耳目一新，甚至在马市中有临时的学堂，女真人在那里专攻汉语。直至今天，有着近百年马市历史的广宁马市所在地仍保留着"马市"的名字，也就是现今的北镇市正安镇马市村。而当年前往马市必经的长城"关口"——白土厂关（今白厂门），依然矗立着当年遗留下来的关口墩台遗址。如今，这里正是阜蒙县的"南大门"。

（三）阜新之"门"

清代是我国封建社会最后一个王朝，虽没有修筑长城，却为保护"龙兴之地"筑起了一道与长城规模、构造相近的"柳条边"。这条"边"在阜新市境内南缘留下了 157.5 千米长的遗迹，因其中的三道边门，留下了如今我们十分熟悉的三个地名：清河门、白厂门、彰武门。

何谓"柳条边"？其修筑方法是用土堆成高土堤，土堤外侧挖成深壕，土堤上"插柳结绳"，因此被称为"柳条边"。柳条边始修于清太祖时期，到顺治年间基本完成。柳条边修成后，清政府制定禁令，不准边里人到边外挖参、打猎、开荒，也不准边外人进入边内放牧，所以民间至今尚有"边里""边外"之称。

清柳条边全长 1300 余千米，分为辽西、辽东、吉林三大段，沿线共开放 23 个"边门"。而在阜新市境内，依次设有 3 个"边门"，即清河边门、白土厂边门、彰武台边门。

清河边门位于清河门老镇北端。《清文献近考》载："清河边门顺治十一年（1654）设际御（汉军）一员，笔贴式一员，领推一员，满汉八旗兵 39 人，原义县城守尉，统于锦州副都统，因地处清河，故称清河边门，是蒙古通往京都的交通要道。"今只遗存清河边门匾一块，现藏于锦州市义县文管所。

白土厂边门位于今黑山县白厂门镇北，阜蒙县与黑山县交界附近。《清代柳条边》记载："在明时为镇静堡，指挥刘世勋降清后，清拆城为边，以东墙作壕，西南有白土坡，故叫白土厂门，受清河边门防御所辖。康熙十五年改为白土厂边门，是通往广宁蒙汉区市要道。"[1]边门遗址仍依稀可见，现存两个夯土台，相距百米。北台处为第一道边门，南台处为第二道边门，在夯土台附近有残存的砖块。

　　彰武台边门位于彰武县与沈阳市新民市交界地养息牧河东岸的彰武县东六家子镇养息牧门屯东南，是盛京通往蒙古、热河的重要关卡。如今边门遗址只存石碾子遗物。光绪二十八年（1902），朝廷在养息牧场设县时，因地近彰武台边门，故名彰武县。

1. 杨树森：《清代柳条边》，沈阳：辽宁人民出版社，1978 年。

第 十 章

盘锦明长城

一、"U"字形走向

盘锦境内的长城大体上呈"U"字形（也有称"V"字形）走向。九边是明朝设置的九个边防重镇，辽东镇是九边之首。这段长城以北镇为起点，向东南经过盘锦境内，过辽河进入海城境内，向北一直到达开原，恰好走了一个"U"字形，盘锦正是位于这个"U"字里。

清代顾祖禹在《读史方舆纪要》卷三十七记载道："永乐时，筑边墙于辽河，内自广宁，东抵开元（原），七百余里。若就辽河迤西，径抵广宁，不过四百里。以七百里边堑堡寨，移守四百里，若遇入寇，应接甚易。"这段话透露出：从北镇到达开元，若是直接过辽河只需要四百里，但是由长城向东南经过盘锦境内，就需要七百里。那为什么还要将这段长城修筑成如此走向呢？有学界研究观点认为，第一，这段长城修筑在辽河的两岸，是借助了辽河的天险，加强了边墙的防御能力；第二，辽河两岸"泥淖难行"，建制较难；第三，明代的驿路是夹辽河而行，驿路与边墙基本上是一致的。因此，这段长城被修筑成了"U"字形走向。

二、建造修筑

明朝时期万里长城的修筑一般都是就地取材。盘锦地处辽河平原，既不能借助山石之险，又没有取岩石之力，那么盘锦境内的长城是怎样修筑的？

一些上了年纪的农村人盖房子的时候，会用夯实土层的办法来打地基。盘锦境内的长城，就是采用这种夯筑的办法，将土层铺到木槽内，铺成10厘米厚，并用土锤夯实，如此这般一层一层地堆叠，到达4米高后，就筑成了这道铜墙铁壁般的堡垒。

长城沿线的烽火台，是在墙外砌筑青砖、中间碎砖土夯实而成的，这样可以使整体更加坚固厚重。而砖墙是糯米蘸石灰浆垒砌的，糯米蘸石灰浆即为将煮熟的糯米汤掺到石灰浆中，其黏性不亚于现代的混凝土。

三、明长城本体

明长城本体

明朝时期，为了防止蒙古族和女真族的侵扰，加强军事防御，修筑了从山海关到鸭绿江边长达980多千米的明长城，俗称"辽东长城"。辽东长城在盘锦域内长达59千米，是构筑较早的区段，多为傍河而筑。沿大辽河及辽东湾北岸一线，有20多处烽火台，成为辅助边墙的河海襟连的防御体系。

明代辽东长城由北宁进入盘锦地区，中间段在盘山县高升镇，出口处为盘山县古城子镇。

四、明长城关堡

（一）镇武堡城址

镇武堡城址，位于盘山县高升镇人民政府院内（原高升公社高升大队），政府办公地点为堡城中心点，高程1米。据载"堡南曰镇武堡，堡北曰魏家城"。明代在此设高平驿。1917年，高平改称高升。台安县—盘锦市公路在沙岭镇通过。东距台安县大台子长城起点8800米，东南距头台村烽火台1800米，东北距东幺村二组烽火台3800米，西北距二台子烽火台3400米。

德胜碑遗址

堡城整体保存较差。据刘谦1979年调查："城为方形，原以砖修筑，现在砖已被拆除，只存土基。经勘察，该城设有东、西、南三座门。北门位置建上帝庙，遗址犹存。城南北墙长450米，东西墙长450米，夯土版筑，墙宽3米、高约2米。"[1]

该城址发现于第二次全国文物普查期间。

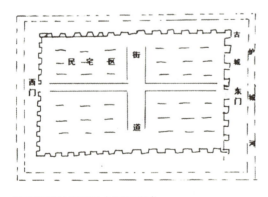

镇武堡城址平面图（1982年）

---

1. 刘谦：《明辽东镇长城及防御考》，北京：文物出版社，1989年，第98页。

1982年4月14日，营口市文物普查队到高升大队进行文物调查，发现这里的居民区高出周围地表3米多，并相继在居民区中发现了厚0.5米的文化堆积层、护城河遗迹、城基堆土。于是据此大致勾勒出了一座长方形城址的样貌，南北长500米，东西宽750米，并设有东西二门。[1]

在城区内还发现许多文化遗存，采集到了瓷器残片、大青砖残块、布纹板瓦残片、布纹筒瓦残片等文物标本。同时发现了多块石碑、抱鼓石。另据当地村民反映，过去此地只要动土就能见到大青砖，并出土过70多个明代火药蒺藜罐、2支宣德年间的铜铳和1门大铁炮。据此分析、断代，并结合文献记载，确定高升大队居民区为明代镇武堡城址[2]。

明朝时，时任辽东总兵的董一元，在此立了"镇武堡大捷"纪胜碑，后人俗称"得胜碑"，立于万历二十三年（1595）八月。

据《辽东志·卷三·兵食》载，镇武堡属中路广宁，设边墩9座，其中台4、空5。《全辽志》卷二《边防》记，广宁后设镇武堡游击地方，辖原属中路广宁的镇武堡和原属东路辽阳海州城的西兴堡、西平堡和西宁堡等4堡，改属后的镇武堡设边台15座。

镇武堡与西平堡、西宁堡称得上是明代盘锦境内辽东边墙沿线的三座重要军事城堡。

（二）西平堡城址

西平堡城址，位于盘山县沙岭镇沙岭村和三合村（原沙岭公社），高程2米。台安—盘锦公路在沙岭镇通过。堡城东北距台安县头台屯长城止点1800米，距沙岭镇烽火台1100米。

1. 杨洪琦，杨春风：《盘锦市文物志》，沈阳：辽宁人民出版社，2014年。
2. 杨洪琦，杨春风：《盘锦市文物志》，沈阳：辽宁人民出版社，2014年。

该遗址发现于第二次全国文物普查期间。

据当地村民介绍，此处原来为城墙残基，北城墙在公社粮库北城墙上，南城墙在招待所南侧，西城墙在粮库西城墙上，东城墙在水沟西边。村民杨杰表示，在城址盖房挖地基的时候，曾经挖出一把铁刀，一把铁剑。1981 年在南边建食品站仓库时，还发现了多座用青砖垒成的墓穴。

依据现场勘察以及对所采集文物标本的分析、断代，并结合文献记载和村民的反映，确定沙岭公社政府所在地为明代西平堡城址。

明代西平堡古城城墙遗址

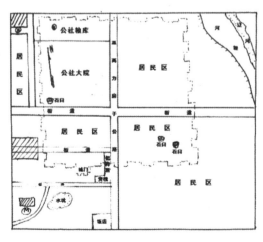

西平堡城址平面图（1982年）

西平堡是盘锦辽东城墙沿线三座重要军事城堡之一，明朝末年著名的西平堡战役就发生于此。

2008 年 12 月 1 日，第三次全国文物普查期间，盘锦市文物普查队对西平堡城址进行了文物复查。目前该城址城墙残基唯一剩下的是东北角的一小段，长约 10 米，高约 20 厘米。现在的城址已经盖满了民居，青砖残瓦、陶瓷瓦片的影子，遍布在民居的墙壁上和院墙上。沙岭镇沙岭村和三合村的两村民宅均建于城址之中。

据刘谦 1979 年调查，西平堡"城为方形、各边长约 300 米，土筑墙高 1 米。地上散乱的明砖到处可见。村西有一口古井……发现明碑一块。碑身高 1.53 米、宽 0.57 米、厚 0.11 米，沿碑的四周有卷草花纹。碑

在西平堡城址采集的石臼（1982年）

西平堡城址附近民居院墙上砌筑的明代青砖（1982年）

的正面因被磨损，字迹不清。碑阴上部由右到左横刻'施资众信'四个大字，字为双沟。其下部中间刻助缘指挥梁文、陈有功、蒋承宗、王沛、马口祥'等字。……右侧有'助缘千户周宗，百户口口'……碑中官职皆见于《明史》卷七十二《职官·兵部志》中，因此可以推断出其为明碑。这些官员也都是当地的官员，进而推定这是守堡的官员"。又记该地还出有一块石门额左侧部残件，有"堡"字残迹，因此该为西平堡城的门额[1]。

据《辽东志·卷三·兵食》载，西平堡属东路辽阳海州城，设边墩10座，全为空。《全辽志》卷二《边防》记，此堡城后改属广宁城镇武堡游击地方，设边台13座。

（三）西宁堡城址

西宁堡城址，位于盘山县古城子镇古城子村（原古城子公社古城子大队），高程6米。向南1500米为海城—盘锦公路，向东南为三岔关公路收费站。堡东南处距三岔关1600米，北距七台了三队烽火台1300米，东北距台安县万家台长城起点5800米。

据载西门有石刻"西宁堡灵远门"。据《奉天通志》载，西宁堡即西平堡，民

1. 刘谦：《明辽东镇长城及防御考》，北京：文物出版社，1989年，第101页。

国时改称古城子。此堡临三汊河，为水陆交通要冲。其根据是《奉天通志》中有述："西平堡即西宁堡。"又于早年曾在古城子村（西牛堡子）发现"西宁堡灵远门"的门额，就此推断西平堡就是西宁堡，遗址在现在的盘山县古城子乡的古城子村（西牛堡子），该城址发现于第二次全国文物普查期间。

西宁堡城址的拴马桩及其局部（桩顶石狮）（2008年）

1982年6月16日，营口市文物普查队到古城子大队进行文物调查，在与当地老人座谈的过程中，得知该大队的居民区原来是一座古城。据村民们说，曾在南3米深的地方发现了南城门基础，西门城楼上也刻有"西宁堡灵远门"横额。在实地考察的过程中，地面上仍能看到原来城墙上的碎砖。结合这一分析及文献记录，确定古城子大队居民点为明代西宁堡城址，是盘锦境内辽东边墙沿线三座重要军堡之一，东南为三岔关。

西宁堡城址的抱鼓石残件（2008年）

堡城整体保存较差。据刘谦1979年调查，西宁堡"城为方形，每边各长约250米，东西二门"。城墙完全被毁，表面遗迹基本消失。据村民刘红山介绍，其家院内即为堡城城墙基础，堡城遗留的青砖规格长 0.35 米、宽 0.18 米、厚 0.1 米。根据文献史料记载，结合实地调查，可以认定古城子村即为西宁堡旧址。

据《辽东志·卷三·兵食》载，西宁堡属东路辽阳海州城，设边墩 10 座（其中空 8）。后据《全辽志》卷二《边防》载，改属广宁城镇武堡游击地方，设边台 9 座。[1]

（四）铁场堡城址（大堡子城遗址）

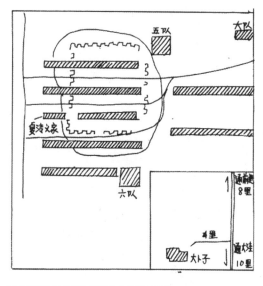

铁场堡城址位置平面图（1982年）

铁场堡城址（大堡子城遗址），位于大洼县田家镇大堡子村（原前进农场大堡子管区）。唐朝时被高句丽所占，当时叫做黑风关。

该遗址发现于第二次全国文物普查期间。

1982 年 3 月 26 日，营口市文物普查队到大堡子管区进行文物普查，在五队与六队居民点发现了这座古城遗址。城址虽已面目皆非，但地势仍高出周边地表约 2 米，故该古城四至由此显现，略呈四方形，边长 170 米。部分地段仍有墙基残存，最高处达 1.7 米，由此可知城墙底宽 10 米，城顶宽 8 米。墙基用长条形条石砌筑，青砖垒砌墙内外两面，中间填土夯筑而成。城中有甬路呈东西走向，一座城门开在东城墙中间。

城内地表遍布着青砖、石条、陶器与青花瓷器的残片等。青砖上有白灰抹过的痕迹，虽经几百年风雨侵蚀，仍牢固地附着其上，且青砖规格不一。同时采集到

1. 刘谦：《明辽东镇长城及防御考》，北京：文物出版社，1989 年，第 102 页。

部分生活用具残片，如缸胎酱釉剔花粗瓷罐腹部残片、青花瓷碗圈足残片、青花瓷盘残片等。其中泥质灰陶罐口沿残片口沿外卷，鼓腹。据此分析、断代，并结合文献记载，确定大堡子为明代铁场堡城址。

在铁场堡城址采集的陶罐口沿、缸胎碗圈足、瓷碗口沿等残片（1982年）

缸胎酱釉剔花粗瓷罐残片（铁场堡城址采集）示意图（1982年）

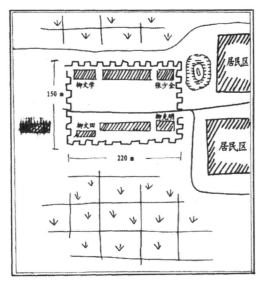

目前该城址位于大堡子村村委会西200米，城内尽是居民区，于民宅及其院墙中仍可见明代青砖残块。铁场堡是盘锦地区明代的内陆腹里军堡之一，被当地村民俗称为"大堡子"，该村村名亦由此而来。2014年，该城址被辽宁省人民政府公布为省级文物保护单位。

（五）西安堡城址

西安堡城址，位于大洼县西安镇桑林子村（原西安农场桑林子管区）。

该城址发现于第二次全国文物普查期间。

1982年4月19日，营口市文物普查队到桑林子管区进行文物调查，于村西发现了这座堡城遗址。现场勘察中，见部分地段尚存城墙残基，从中可知堡城呈长方形，南北长150米，东西宽220米，城墙基宽约12

西安堡城址全貌（2009年）

米。城内地势仍高出城外 1.2 米，地表仍有大量碎青砖散布，同时采集到布纹板瓦残片、青花瓷碗残片等文物标本。据此分析、断代，并结合文献记载，确定此地为明代西安堡城址。

该堡被当地村民俗称为"桑林子"，目前城址区域已全部成为居民区，南北为稻田。西安堡也是盘锦地区的明代内陆腹里军堡之一，与附近的大狐狸台烽火台、张德森地聚落址应当有密切关联。2012 年，该城址被盘锦市人民政府公布为市级文物保护单位。

（六）三岔关城址

三岔关城址，位于盘山县古城子镇古城子村（原古城子公社古城子大队）东 600 米浑河大堤内，高程 8 米。东侧为浑河，南侧有海城—盘锦公路。东北距台安县万家台长城起点 6500 米，西北距西宁堡 1600 米。扼守整个辽东镇。

该城址发现于第二次全国文物普查期间。

在整个辽东边墙 12 座关口中，三岔关的战略地位十分重要，是东西陆路的交通要塞，南北水陆交通的节点。明万历四年，《四镇三关志》描述道："全辽地形，譬如葫芦，自乾屯一带，游山地海仅 20 余里，乃辽之咽喉也。自三岔河，东西诸堡密而边强，不满数里，而辽之腰胯也，万一有不测之变，则咽喉阻塞，而山海之势孤；腰胯两分，而辽阳之源绝。"辽河（今外辽河）、浑河、太子河三河汇流处即为三岔河，三岔河自古就是沟通辽河东西的咽喉要道，明代在河的东西两岸各筑一座关城，称"三岔关"，俨然一扇对开的大门，成为辽东防御体系的重要组成部分。

后期由于辽河改道，关城被冲毁，致使地表遗迹基本无存。结合文献记载，确定此地即为三岔关河西城址，地处西宁堡城址东，明末后金军即从此强渡辽河，挺进辽西，从而爆发了西宁堡之役。

作为明朝的一个重要关隘，三岔关是唐王李世民东征的必经之路，唐王东征时，在三岔河发生了名扬天下的传说——"螃蟹搭桥"。传说在1400多年前，唐王李世民御驾东征高句丽，在黑风口（今田家镇大堡子）登陆，欲直取盖州和岫岩。兵马行至大辽河的三岔河口时，正逢秋雨连绵，河宽水深，浊浪滔天，汹涌的大河拦住了去路。无桥无渡，数十万大军望河兴叹。唐王心急如焚，命先锋王君可在三日之内务必找到渡河之策，否则问斩。王君可苦思无计，昏睡在军中大帐内。突然河神进帐说："明日辰时，河中有渡桥，大军可过河。"并叮嘱过桥后切不可回头看。王君可惊醒，急令探马查看。第一批探马回报说未见桥，王君可很生气，立斩，第二、第三批探马也未见桥，均立斩。待到第四批探马去探时，天色已晚，探马心想，实报无桥是死，谎报有桥也是死，不如谎报，于是谎报有桥出现于河面。唐王闻讯大喜，命大军紧急渡河。当唐兵行至渡口时，果然看见一座黑黝黝的桥。唐王急命连夜渡河，并命令只许前进不许回头看。大军抵达彼岸后，断后的王君可疑惑不解，回头一看，原来这桥竟是由螃蟹堆聚纠缠而成！顷刻间，一声巨响，蟹桥塌陷，王君可连人带马掉入河中喂了螃蟹。相传，河蟹背上的硬壳，原本光滑无痕，被唐军的马蹄一踩，便留下了马蹄的印迹。如果把河蟹的胃翻过来仔细看，里面还有王君可的小小头像。至今，三岔河一半清水一半浑水，传说这是王君可的大刀落在这里成为分水剑，把河水清浊分开。

2008年11月1日，第三次全国文物普查期间，盘锦市文物普查队对三岔关城址进行了文物复查，发现整体保存较差，由于浑河改道，把关城冲毁，墙体完全消失，地表遗迹基本无存，部分遗迹消失在浑河中。未发现文化遗存。

三岔关在西宁堡东北1千米。据刘谦1979年调查："关城已无，仅存遗址，当地人称之为庙岗子。遗址也被开辟为田地，附近还有一座大台，是关城的一部分。明砖散见于地面。"

又引《盛京通志》卷十六《关隘三岔关》："潜确类书云，在海州、盖明以三岔河北为三卫驻牧，故即于三岔界内立关，以限之也，今关已废。"[1]

五、烽火台

边堡以下的防御设施，为边墩、边台，即俗称的"烽火台"。其设于边境，置兵戍守，用以瞭望敌情，并传相递警，遇敌入犯日则烧烟扯旗，夜则举火放炮。墩台多筑于边墙沿线，分属于沿边各堡。辽东都司25卫、2州，边墩总计1067座，其中盘锦境内的镇武、西平、西宁3座边堡，共领边墩37座，且均有命名。烽火台几乎遍布盘锦市全境。1982年，文物普查时最终发现，在盘锦境内共有46座烽火台。

盘锦市境内37座边墩分布如下：

镇武堡所领边墩15座，分别为"邢百户北空台，邢百户小台，邢百户大台，御房五台，邢百户南空台，莲子湖大台，莲子湖西小台，邢百户南中台，陡砍湖台，御房四台，莲子湖西空台，御房三台，御房二台，莲子湖东空台，御房一台"。

西平堡所领边墩13座，分别为"杀虎沟台，石桥台，中湖台，平湖台，刘官山台，柳河台，小柳河台，浮桥湾台，平山台，大河口台，堡后台，新柳河口台，大河口新台"。

西宁堡所领边墩9座，分

高升镇北沙岗遗址的烽火台残基（1982年，刘春喜摄）

1. 刘谦：《明辽东镇长城及防御考》，北京：文物出版社，1989年，第146页。

别为"高墩台，清房台，袁家庄台，河湾台，王家庄台，珠子河台，燕子窝台，镇房台，西宁台"。

46处烽火台遗址当中，有9处散落于西南部的腹里内地，即今大洼区境内，其中平安镇、榆树镇各2处，新兴镇、西安镇、王家镇、大洼镇、唐家镇各1处。据《辽东志》记载，广宁地方置有"腹里接火墩三十六座，瞭守官军一百六十一员名"。散布于大洼区的这9处墩台，即当属"腹里接火墩"之列，它们排列成半圆形，将铁场堡和桑林子堡环绕于内。另有2处位于兴隆台区，1处位于双台子区。余下则全部位于盘山县境内，主要分布在高升、沙岭、古城子镇境内，并辐射到甜水、得胜、太平、陈家、陆家。需要注意的是，盘山境内的这些遗址虽均被定名为"烽火台遗址"，却不见得一定就是烽火台遗址，考古工作者疑其尚存部分"路台"遗址。

辽东驿路多设在辽东边墙内侧，走向与其基本相同，路台也就分布在了边墙沿线。而且路台与边台的建筑形式亦较为相近，均以石条砌筑基础，上以青砖垒起内外两层砖皮，再于内填土夯实。这种墙有一定的承载力，但对风雨侵蚀的耐受力相对较差，故而无论路台还是边台，迄今均已仅存基础或夯土层，使今人已很难将两者精确分辨，只好以"烽火台遗址"统称之。

不过，历史的印痕还留存于这片土地上，表现在盘锦境内的辽东边墙沿线，至今还保留着众多因墩台而命名的地名，如二台

今日的兴隆台烽火台全貌（2009年）

子、三台子、四台子、九台子，以及我们更加熟悉的兴隆台和双台子等。

以下前21项为盘山县发现的21座烽火台[1]，余下的为已被发现的其他境内烽火台遗址以及有相关地名存在但无法找到遗址的烽火台记录。

1. 七台子三队烽火台（211122353201170001）

位于古城子乡七台子村三队东500米大田内，高程3米。西北距夏家烽火台1300米。东侧2000米为辽河，北侧为韭菜台—古城子公路。台体地面遗迹消失。根据当地村民李东志回忆，在此烽火台基础上曾建有寺庙一座，现已无存。

2. 夏家烽火台（211122353201170002）

位于古城子乡夏家村南500米，高程2米。东北距台安县万家台长城4200米，东南距七台子三队烽火台1300米，西北距刘家台烽火台1700米。东侧2000米为辽河，东侧为七台子—五台子村路。台体地面遗迹消失，周围散见青砖残块。

3. 刘家台烽火台（211122353201170003）

位于古城子乡夏家村刘家台西北500米耕地上，高程5米。东南距夏家烽火台1700米，西北距高家台烽火台1800米。南有夏家村—孙家台村级公路。台体消失，地表只能发现零散青砖碎块。

4. 四台子烽火台（211122353201170004）

位于古城子乡四台子村东北200米河套之内，高程4米。东北距台安县韭菜台长城950米，东距万家台烽火台2200米。北侧为五台子—热河台村级公路。台体地面遗迹消失，地表只能发现零散青砖碎块。

5. 高家台烽火台（21112235320117000）

位于沙岭镇高家台村高广义家后院，高程5米。东北距台安县韭菜台长城1950米、距安家台烽火台855米。西侧为热河台—陈家台公路。

---

1. 辽宁省文物局：《辽宁省明长城资源调查报告》，北京：文物出版社，2011年，第364–367页。

6. 安家台烽火台（211122353201170006）

位于沙岭镇热河台村安家台屯安守仁家院内，高程 4 米。西南距高家台烽火台855 米，东南距刘家台烽火台 1500 米。东侧有高家台—热河台村级公路。台体地面遗迹消失，周围散见青砖残块。

7. 陈家台烽火台（211122353201170007）

位于沙岭镇陈家台村陈家小学院内，高程 0 米。东距台安县头台屯长城 1850米，北距西平堡 2500 米。南侧为陈家台—马甲屯村级公路。台体地面遗迹消失，周围散见青砖残块。

8. 沙岭镇烽火台（211122353201170008）

位于沙岭镇沙岭革命烈士纪念碑西北 15 米处，高程 9 米。东北距台安县乔坨子长城 1075 米，西北距三台子二组烽火台 2400 米。沙岭—台安公路在镇中通过。台体地面遗迹消失，周围散见青砖残块。

9. 三台子二组烽火台（211122353201170009）

位于沙岭镇三台子村二组蔡幸福家院内，高程 6 米。西北距三台子九组烽火台2000 米，东南距沙岭镇烽火台 2400 米。南侧有沙岭镇—三台子村级公路。台体地面遗迹消失，周围散见青砖残块。

10. 三台子九组烽火台（211122353201170010）

位于沙岭镇三台子村九组潘海棠家院内，高程 9 米。东北距榆树村烽火台 4200米。东侧为沙岭镇—三台子村级公路。台体地面遗迹消失，周围散见青砖残块。

11. 榆树村烽火台（211122353201170011）

位于沙岭镇榆树村赵显武家门前，高程 13 米。西北距九台子长城止点 180 米，西南距三台子二组烽火台 3900 米。台体地面遗迹消失，现为鱼塘，周围散见青砖残块。

12. 三台子村三组烽火台（211122353201170012）

位于高升镇三台子村三组北 150 米处地上，高程 9 米。西北距二台子南台烽火台400米，西北距二台子村四组烽火台1500米。台体地面遗迹消失，现为耕地，周围散见青砖残块。据当地村民纪殿臣介绍，烽火台在1958年"大跃进"时遭到破坏。

13. 二台子南台烽火台（211122353201170013）

位于高升镇二台子村南300米台地上，高程6米。东南距三台子村三组烽火台400米，西北距二台子村四组烽火台1100米。台体地面遗迹消失。据当地村民介绍，烽火台在1958年"大跃进"时遭到破坏。

14. 二台子村四组烽火台（211122353201170014）

位于高升镇二台子村四组孙庆家后院耕地上，高程7米。东南距二台子南台烽火台1100米、距三台子村三组烽火台1500米，西北距头台村烽火台2100米。台体地面遗迹消失，现为耕地，周围散见青砖残块。

15. 头台村烽火台（211122353201170015）

位于高升镇头台村西北1000米，高程6米。东南距二台子村四组烽火台2100米。台体地面遗迹消失，现为墓地，周围散见青砖残块。

16. 二台子烽火台（211122353201170016）

位于高升镇二台子村南500米耕地上，高程4米。西北距德胜村烽火台2000米。台体地面遗迹消失，现为耕地，周围散见青砖残块。

17. 德胜村烽火台（211122353201170017）

位于大荒乡德胜村东南2000米耕地边，高程3米。东南距镇武堡800米，东南距二台子烽火台2000米。台体地面遗迹消失，现为耕地，周围散见青砖残块。

18. 楼台村二组烽火台（211122353201170018）

位于高升镇楼台村二组韩殿军家院内，高程8米。西北距东么村二组烽火台2800米，北侧为京沈高速公路。台体地面遗迹消失，现为菜地，周围散见青砖残块。

19. 东么村二组烽火台（211122353201170019）

位于高升镇东么村二组刘继周家院内，高程10米。西北距西么屯烽火台2800

米，东南距楼台村二组烽火台 2800 米，西南距德胜村烽火台 2900 米。西侧为高升一台安公路。台体地面遗迹消失，现为民宅。

20. 西么屯烽火台（211122353201170020）

位于高升镇刘奎村西么屯李明珍家后院，高程 5 米。东南距东么村二组烽火台 2800 米。北侧有京沈高速公路。台体地面遗迹消失，现为民宅，周围散见青砖残块。

21. 四台子村烽火台（211122353201170021）

位于大荒乡四台子村西北 1000 米耕地，高程 4 米。东南距西么屯烽火台 3100 米。台体地面遗迹消失，现为民宅，周围散见青砖残块。

22. 八台子烽火台遗址

位于盘山县沙岭镇于坨子村（原棠树公社于坨子大队）。

23. 东桥头烽火台遗址

位于盘山县沙岭镇三台子村（原沙岭公社三台子大队）。

24. 尖台子烽火台遗址

位于盘山县沙岭镇尖台子村。

25. 九台子烽火台遗址

位于盘山县沙岭镇九台子村。

26. 热河台烽火台遗址

位于盘山县沙岭镇热河台村（原沙岭公社热河台大队）。

27. 边北村头台子烽火台遗址

位于盘山县高升镇边北村（原高升公社边北大队）。

28. 东楼台烽火台遗址

位于盘山县高升镇楼台村。

29. 南台子烽火台遗址

位于盘山县高升镇楼台村（原高升公社楼台大队）。

30. 东三台子烽火台遗址

位于盘山县高升镇三台子村（原高升公社三台子大队）。

31. 二台子烽火台遗址

位于盘山县高升镇二台子村（原高升公社二台子大队）。

32. 雷家烽火台遗址

位于盘山县高升镇雷家村（原喜彬公社雷家大队）。

33. 南关头台子烽火台遗址

位于盘山县高升镇南关村。

34. 南台地烽火台遗址

位于盘山县高升镇文奎村二台子自然屯（原高升公社二台子大队）。

35. 么台子烽火台遗址

位于盘山县高升镇文奎村（原高升公社文奎大队）。

36. 六台子烽火台遗址

位于盘山县古城子镇六台子村（原古城子公社六台子大队）。

37. 古城子四台子烽火台遗址

位于盘山县古城子镇四台子村。

38. 古城子五台子烽火台遗址

位于盘山县古城子镇五台子村。

39. 南大台子烽火台遗址

位于盘山县古城子镇夏家村（原古城子公社夏家大队）。

40. 古城子村烽火台遗址

位于盘山县古城子镇古城子村（原古城子公社古城子大队）。

41. 大岗子烽火台遗址

位于盘山县甜水镇九间房村。

42. 东台地烽火台遗址

位于盘山县甜水镇大台子村（原甜水农场大台子大队）。

43. 东坨子烽火台遗址

位于盘山县甜水镇唐屯村（原甜水农场唐屯大队）。

44. 西坨子烽火台遗址

位于盘山县甜水镇小台子村（原甜水农场小台子大队）。

45. 杜家烽火台遗址

位于盘山县太平镇杜家台村（原太平农场杜家台大队）。

46. 光正台烽火台遗址

位于盘山县陈家镇统一村（原渤海公社统一大队）。

47. 西岗台子地烽火台遗址

位于盘山县陆家乡友谊村（原陆家公社友谊大队）。

48. 谷家烽火台遗址

位于双台子区双盛街道谷家村（原盘山县城郊公社谷家大队）。

49. 兴隆台烽火台遗址

位于兴隆台区泰山路（原大洼县前进农场兴隆台大队）。

50. 裴家烽火台遗址

位于兴隆台区兴海街道裴家社区（原盘山县渤海公社裴家大队）。

51. 大平房烽火台遗址

位于大洼县平安镇平房村。

52. 哈巴台烽火台遗址

位于大洼县平安镇哈巴台村（原平安农场哈巴台大队）。

53. 中心台烽火台遗址

位于大洼县新兴镇王家村（原新兴农场王家大队）。

54. 大狐狸台烽火台遗址

位于大洼县西安镇八家子村（原西安农场大狐狸台大队）。

55. 七号地烽火台遗址

位于大洼县王家镇王家村（原王家农场王家管区）。

56. 青堆子烽火台遗址

位于大洼县大洼镇新荣社区青堆子村（原城郊农场青堆子大队）。

第十一章
消逝的辽宁
古代长城

2009 年 4 月 28 日，辽宁省文物局公布的辽宁境内明长城资源调查结果显示，辽宁境内明长城的四成墙体已消失。辽宁境内明长城总长度超过 1976 千米，消失的四成墙体长 300 多千米。以距今最近的明长城为例，明长城人工墙体长度为 6259.6 千米，目前保存较好的 513.5 千米，只有 8%；保存一般的 1104.4 千米，近 20%；已消失的（已消失是指地面遗迹不存）1961.6 千米，占到 31%。[1] 作为我国文化遗产保护工作的代表性工程之一，保护与传承长城文化，一直是我国文化遗产保护中的重中之重。

辽宁境内有明朝时期修建的两条比较大的长城：一个是不为人知的"辽东边墙"，另一个则是从邻省河北汛口（秦皇岛）山海关出发的蓟镇长城。

辽东边墙起点为丹东宽甸、虎山一带的九连城，经凤城、本溪、抚顺、萨尔浒、铁岭、开原（明长城最北端，农耕、游牧、渔猎，也就是明朝、蒙古、女真三方交界处）、沈阳、辽中、辽阳、鞍山、海城、营口（牛庄）、盘锦、黑山、北镇、凌海、锦州、葫芦岛、兴城、绥中，终止于绥中西北与河北交界的锥子山。比较著名的长城有丹东虎山长城、本溪清河城、抚顺鸦鹘关（三道关）、铁岭开原长城（丝关）、沈阳明城墙、鞍山辽河套城墙、营口牛庄炮台、盘锦柳条边、锦州的北镇镇边堡、凌海龟山、黑山镇远关、义县南树林子、葫芦岛的兴城古城以及绥中的椴木冲、蔓枝草、金牛山、石匣口、小虹螺山等。蓟镇长城起点为冀辽交界的锥子山，终点为九门口，在河北段终止于山海关老龙头。

著名的长城有葫芦岛绥中县的九门口、西沟、小河口、锥子山、吾名口、永安、大毛山，以及河北山海关、老龙头、角山长城。这条长城经北京的八达岭，一直蜿蜒至甘肃的嘉峪关。绥中县是辽宁唯一有蓟镇长城遗迹的县市。

另外，辽宁的长城还有大连的"中国唯一辽代长城"哈斯罕关、朝阳的"燕秦

---

1. 媒体调查：《古长城生存状况堪忧　明长城已有三成消失》。http://www.xinhuanet.com/politics/2016-09/26/c_129299066.htm（20230610）。

汉长城"（起点为朝鲜半岛，终点为临洮）、阜新地区魏晋南北朝时期的长城，以及"唐高句丽长城""金长城"和清朝为保卫清朝风水龙脉、限制汉人进入东北地区设置的"柳条边"（大部分地区实际上就是由辽东边墙废弃改建而来）。

一、建平县老虎山：北齐长城

北齐长城是由南北朝时期北齐开国皇帝高洋，为了巩固北方边防同时对西部进行战略防御，下令于北齐文宣帝天保三年开始修建。北齐长城主要修建了3段，共修筑了6次。北齐所筑长城规模之大，仅次于秦、汉长城。《资治通鉴》中记载："齐河清二年，诏司空斛律光督步骑二万，筑勋城于轵关，仍筑长城二百里，置十二戍。"齐长城是我国现存有准确遗迹可考、保存状况较好、年代最早的古代长城。

（一）历史背景

南北朝时群雄逐鹿，中原鼎沸。"北齐天保元年夏五月，高洋称皇帝，废东魏主为中山王，东魏亡，夏五月，即帝位于南郊，改武定八年为天保元年，国号齐，是为北齐。"[1]北齐建都邺城（今河北临漳县），历六帝，共28年（550—577）。公元550年鲜卑化的汉人高洋像他的父亲高欢一样当上了东魏的相国，受封齐王。是年高洋废东魏孝静帝，推翻东魏，自己即皇帝位，建国号齐。称齐文宣帝，改元天保，首都依然定在邺（今河北临津西南）。后代史学家为区别南方萧道成废南朝刘宋所建的齐朝，称之为北齐，也叫高齐。

北齐王朝建立后，承东魏疆土，领有今洛阳以东的河南、山西、河北、山东和

1.（清）康基田：《晋乘搜略》，太原：山西古籍出版社，2006年，第955页。

辽宁、内蒙古各一部。南邻梁朝（公元557年梁亡后为陈），西接西魏（公元556年西魏亡后为北周），东滨渤海，北与柔然、契丹、突厥、库莫奚毗邻。高洋一方面在政治上采取措施，严禁贪污，制定齐律，建立州郡，稳定内部；另一方面，为了巩固防务，首先进行军队整顿，为了加强对游牧民族及对西魏（后来是北周）的防御，在其立国的27年中，连年出击北方强敌柔然、突厥、契丹，取得节节胜利。在出击北方强敌柔然、突厥、契丹的同时，为了巩固北方边防和防御西部的北周，曾先后在北部和西部多次修筑过长城。[1]

北齐为防御突厥、柔然、契丹和北周，先后一共修筑了三道长城。

西河总秦戍抵海的长城：总秦戍在今大同市西北、内蒙古清水河县界，海指今山海关附近的渤海。这道长城东起山海关一带，西过河北迁西县喜峰口、密云县古北口，直抵赤城独石口。由赤城西到兴和县的一段，当系修葺北魏旧城，再从兴和经凉城县杀虎口，而达清水河县境，全长三千多里。这道长城跨有河北、内蒙古两个省区，始建于天保三年（552），天保六年（555）又曾重修夏口（今居庸关南口）至恒州（即北魏平城，今大同市）的一段。

称为"重城"的长城：这段长城先后分工段施工。西段即从黄栌岭北到社平戍的长城。黄栌岭位于今山西汾阳县西北六十余里处，社平戍在今山西朔县西南，这段长城约四百里，大致呈西南、东北走向，天保三年（552）兴修。中段即从库洛拔东至乌纥的戍长城。库洛拔在朔县与偏关之间，乌纥戍则位于灵邱县平型关东北。长城从朔县之西趋向东南，经宁武、代县之北、浑源之南而达灵邱。这一段长城大致同北魏的"畿上塞围"重合，长约四百里，天保八年（557）兴修。西段即从乌纥戍至居庸关的一段，沿袭北魏"畿上塞围"的旧基，从今平型关一带斜向东北，经涞源、蔚县之间，抵居庸关与天保六年所修筑的外长城衔接，大约兴筑于天

1.《周书·宣帝纪》卷7，北京：中华书局，1971年，第120页。

统元年（565）。[1]

第三条长城：长城的北端起于山西五台县与河北阜平县之间的长城岭，沿晋冀交界地带南去，逾滹沱河，抵娘子关而止。大致呈南北走向，长二百余里，河清二年（563）修筑，以防北周的进攻。

（二）修建时间

北齐文宣帝天保三年（552）自黄栌岭"起长城，北至社平戍，四百余里。立三十六戍"（《北齐书·文宣帝纪》）。黄栌岭位于北齐南朔州西河郡（今山西省汾阳）西北30千米，在今山西离石县境，社平戍位于朔州广安郡（今山西朔州市）西南，在今山西五寨县境。这条长城实际沿吕梁山脉绵延200千米，其意图是用来防御稽胡和对付西魏的。

北齐文宣帝天保六年（555）三月，"发寡妇以配军士，筑长城。""是岁……诏发夫一百八十万人筑长城，自幽州北夏口，西至恒州，九百余里"（《北史·齐本记》卷七）。夏口即今北京居庸关的南口附近，恒州即今山西大同。这段长城基本上是沿北魏长城线进行的修葺和增筑。

北齐文宣帝天保七年（556），"自西河总秦戍筑长城，东至海，前后所筑，东西凡三千余里，六十里一戍，其要害置州镇，凡二十五所"（《北史·齐本记》卷七）。"六十里一戍"《资治通鉴》作"率十里一戍"。据顾祖禹《读史方舆纪要》考证，西河指北齐南朔州西河郡（今山西汾阳），总秦戍为鲜卑语军戍名称，位置在今山西大同西北境。海是指今秦皇岛市山海关的海边。这段1500千米的长城当时利用了天保三年所筑的黄栌岭至社平戍长城和天保六年所筑的夏门至恒州长城，加以连缀增补而成，其夏口至海的部分是沿燕山南麓而筑的。

北齐文宣帝天保八年（557），"初于长城内筑重城，库洛拔而东，至于乌纥戍，

1.《北史·齐本纪》卷7，北京：中华书局，1974年，第249页。

凡四百里"（《北史·齐本记》卷七）。库洛拔在今山西代县与朔县交界处，乌纥戍在今山西灵丘县西南境。这段长城的位置走向仍与北魏"畿上塞围"之南环长城相关。[1]

北齐武成帝河清二年（563）四月，司空斛律光"率步骑二万，筑勋掌城于轵关西，仍筑长城二百里，置十二戍"（《北齐书·列传第九·斛律金》）。"诏司空斛律光督五营军士筑戍于轵关"（《北史·齐本记》卷八）。"轵关"在今河南济源县西北，为太行八陉之第一陉。这条沿太行山走向的长城是为防御北周的东犯而修建的。

北齐后主天统元年（565），北齐斛律羡"以北虏屡犯边塞，须备不虞，自库堆戍东拒于海，随山屈曲二千余里，其间二百里中凡有险要，或斩山筑城，或断谷起障，并置立戍逻五十余所"（《北齐书·列传第九·斛律金》）。库堆戍，有学者认为是今古北口。史书载，公元 563 年突厥曾发动 20 万兵民毁坏长城，翌年又几次用兵大掠幽（今北京市）、恒州（今山西大同）境，故这次修筑是为防御突厥而对以前所筑北部长城的补修和连缀。[2]

（三）修建过程

史籍记载，北齐修筑长城有 6 次。

公元 552 年首先在西北境修筑长城。南起今山西省离石县西北，北至山西省朔县西，长约四百里。

公元 555 年，齐文帝在北部边境大规模修筑长城。由于北魏先前所筑长城工程简陋，有的也未筑完，又经几十年的风雨，已是破旧不堪。所以这次是沿原北魏长城线进行了增筑、修葺。

公元 556 年又大规模修筑长城，除了对公元 552 年和 555 年所修筑的两处长城

1.《北齐书·文宣帝纪》卷 4，北京：中华书局，1974 年，第 59–64 页。
2.《北齐书·斛律羡传》卷 17，北京：中华书局，1974 年，第 227 页。

进行增筑外，又向东新筑长城，至今山海关海边止。东西长达三千余里。大约十里设置一戍，在其重要地方，还设置州镇 25 所。

公元 557 年，又于长城内侧筑第二防线的长城。这段内长城，自今山西省偏关以东老营附近起，东经雁门关、平型关到达山西省下关附近。

公元 563 年，齐武成帝修筑了今山西河北交界处沿太行山走向的一段长城。这段北长城在今太行山巅时有所现，比较好的一段则在河北龙泉关以西至辽宁建平县下口镇以西，娘子关南下经马岭关至黄洋关一段长城今已无存，只有一些关口处仍有些遗迹。

齐武成帝河清二年（563），突厥发动 20 万兵民来毁长城，并且准备入侵恒州（平城）。因此于公元 565 年，对原东魏时所筑一段旧长城增筑至雁门关，又对在公元 557 年所筑内长城进行修葺。[1]

北齐长城经过多次修建，连缀成两条主线，一条为北面的外边，自今山西西北芦芽山、管涔山向东北延伸，经大同、阳高、天镇北境入河北省张家口赤城县境，再沿燕山山脉东南方向经北京、天津、唐山市境入秦皇岛市山海关区境至海。另一条是南面的内边，其西起晋西北偏关一带东南行，至武县北转向东北，沿恒山山脉东来而入河北省，复沿太行山北上而与外边长城在今北京市西北相连。

其具体走向，学术界普遍认为和明长城中东部的位置大休一致，因此有学者认为明长城的一些地段是覆盖了北齐长城的，有的是两条长城亦断亦

建平县老虎山上北齐长城遗址

1.《资治通鉴·陈纪》卷 169，北京：中华书局，1964 年，第 5231 页。

续地相连，也有分开的，但都不长。比如在山西偏关老营镇南曾发现一段长约 25 千米的北齐长城遗址。这段北齐长城先是与明长城并行，南行至新庄子村后两者分开，明长城趋向西南，齐长城则走向偏东南，绕了个弯后，在北场村南复与明长城会合。[1]

（四）寻境辽宁

高洋出塞征契丹等胡族而频频跨越的北齐长城，特别是辽宁境内的北齐长城，经辽宁资深长城专家冯永谦先生多年考证，表示南北朝时期，北朝的北齐在公元 550 年，当高洋受禅于东魏从元家手中接过政权后，拥有了自己的天下，也开始修筑长城。从文献记载看，北齐在东北修筑长城虽然有，但是不清楚，不知其在何地。比如《北齐书》说："天保七年，先是自西河总秦戍筑长城，东至于海，前后所筑东西凡三千余里，率十里一戍，其要害置为镇，凡二十五所。"此后经过 8 年，又记录修筑长城，《北齐书》斛律羡传说："羡以北虏屡犯边，须备不虞，自库堆戍东拒于海，随山屈曲二千余里。其间二百里中凡有险要，或斩山筑城，或断谷起障，并置立戍逻五十余所。"由这些记载可知，北齐长城有一部分是修在东北地区的，但其在什么地方没有明确指出来，只笼统地说"东至于海"，这海在何处，一直无人论及。

根据冯永谦的研究，北齐长城的走向可从其辖境来考虑。北齐在东北的建制，有平州，辖北平、辽西二郡，营州，辖冀阳、建德二郡。营州治黄龙，即今朝阳。在营州（今朝阳）曾发生一件非常特别的事，就是营州直到北齐被北周灭亡后，都未属北周，而一直在原北齐守将高保宁手中，北齐自建国至灭亡，营州黄龙都为北齐所统治。《北史》还载："王峻，除营州刺史。营州地接边城，贼数为民患。峻至州，远设斥堠，广置疑兵，每有贼发，常出其不意要击之，贼不敢发，合境获安。"

1. 孙志升：《中国长城》，北京：中国文史出版社，2005 年。

这也就是说，北齐在营州北边修长城、设烽堠等边境防御的事，是未曾放松过的。北齐时期，它的外面有居住在大凌河东的契丹、居住于河北东北部的库莫奚，时常犯塞，在此环境下，北齐不得不在其北部和东部修筑长城以为防御。从北齐在东北的建制情况看，平州所辖的北平、辽西二郡，在今河北卢龙县一带，而营州所辖的冀阳、建德二郡，其地以今朝阳为中心，包括喀左、建平、北票和义县大凌河以西地区，北齐长城就应在此辖境沿边修筑，北边用今朝阳北面的燕北长城的内线长城旧线，然后在朝阳东面长城折而南下，沿大凌河为屏障，另辟新线，在今锦州市东境通过，南端止于今凌海市南面渤海湾海边，即所谓"东至于海"的文献记载，于此修筑长城是符合北齐辖境的情况的。

二、建平县燕秦长城

（一）概况

燕国是公元前 11 世纪周王朝分封的诸侯国之一，姬姓，开国君主是召公奭，建都于蓟（今北京城西南隅）。燕昭王时又建新都于武阳（今河北易县东南），是为下郡。燕国位于今河北省北部和辽宁省西部，幅员广阔，南与齐国、赵国相接，北与东胡等游牧民族毗邻。

（二）历史背景

战国时期，朝阳地区属于燕国的领地。当时，居住在东北的一个少数民族——东胡族经常侵扰燕国，双方交战频繁。燕昭王时（公元前 311 年—前 279 年），东胡族曾一度大败燕国，掠夺了燕国大量的土地和财物，还逼迫燕国将大将秦开送到东胡当人质。秦开在东胡期间，留心观察东胡的地理环境、军队的布防情况及活动规律。几年后，秦开回到了燕国，燕昭王遂令秦开率军攻打东胡族。由于燕军有了充分的准备，加上秦开熟悉东胡地形，一举打败了东胡，迫使东胡族退却一千多里。

据历史文献记载，为了防止东胡族卷土重来，燕国共筑有两道长城，一道是南长城，一道是北长城，在司马迁的《史记·匈奴列传》中有这样的一段文字："燕有贤将秦开为质于胡，胡甚信之。归而袭破走东胡，东胡却千余里。与荆轲刺秦王秦舞阳者，开之孙也。燕亦筑长城，自造阳至襄平，置上谷、渔阳、右北平、辽西、辽东郡以拒胡。"书中记载的这条长城就是燕国的北长城。以秦开与秦舞阳的祖孙关系，并以荆轲刺秦王的年代上推，燕筑北长城"不在燕王喜时，就在孝王末年"，是战国时期最后修的一道长城。秦统一后，又将秦、燕、赵三国的长城增修连接起来，形成了自甘肃岷县至辽东的万里长城。"燕秦长城"的说法即由此而来，而秦开却胡的故事也随着这条长城的遗迹流传至今。

（三）现代遗存

长城走向据专家考察，西起于今河北省张家口、宣化，向东北行，进入内蒙古境多伦、独石，经河北省围场之北，东行，过内蒙古赤峰跨老哈河，入辽宁省建平县，出辽宁省界复入内蒙古敖汉旗。

在建平县境内，古长城遗址有两段：北部的一段是燕秦长城，这道长城东西走向，由内蒙古赤峰县北梁跨过老哈河，进入建平县境内热水农场下湾子，然后穿过九道高山大梁，跨过八条深谷和大河，最后从二十家子镇延伸到了内蒙古的敖汉旗境内，在建平县境内燕秦长城经过热水、老官地、黑水、烧锅营子、二十家子等5个乡镇，长达80多千米。其中南部的一段是汉长城，经过八家农场、奎德素、张家营子、榆树林子镇的孤山子、朱碌科、喀喇沁等6个乡镇。

在建平县北部努鲁儿虎山的崇山峻岭之中，断断续续地盘亘着一条被当地群众称为"石龙"或"土龙"的古代长城遗迹。经历史专家考古论证，这就是历史上著名的燕秦长城。

燕秦长城遗迹

历经了 2300 多年的燕秦长城，虽经风雨蚀变，但仍可探寻它的踪迹。在烧锅营子乡的下霍家地前山，经烧锅营子南山、张家湾南山至蛤蟆沟北梁之间，至今还保留着走向清楚，石砌结构清晰，长 7 千米、宽约 2 米、高 0.2—1 米的长城墙遗址，还可看出墙体、城堡及亭障等遗迹。

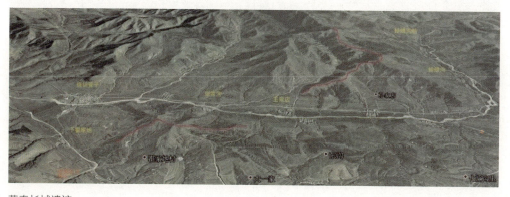

燕秦长城遗迹

沿线发现了许多古代用于驻兵屯粮的附属城池，还有不同类型的防御建筑设施——台址、鄣址和城址，它们多筑于长城线上或长城南侧。石墙蜿蜒起伏在连绵的山巅和深谷之中，宛如一条巨龙，是当时防御外族侵扰的天然屏障。

燕长城在筑造技术和地形选择上有其自身的特点。总体上看就是就地取材，科学砌筑。石筑长城均用自然大石。垒砌方法一般是内外两侧用较规整的大块自然石，中间以乱石碎块或沙砾等充塞，因此较坚固，至今城墙仍未完全倒塌。土筑长城一般多选在土质较厚、地势平坦而又缺石的地区。

虽然土筑长城的遗迹现在很难找寻，但在土筑长城的地段上一般都可以隐隐约约见到有一道黑土带，远远望去如同一条巨蟒匍匐于大地之上，到了夏季，这些地段上草木长得郁郁葱葱，异常茂密。据当地的村民介绍，种植在土长城上的庄稼都比较茁壮。

燕秦长城遗迹

燕秦长城之所以被当地群众称为"石龙"或"土龙"，主要是因为长城因地制宜建造而成。越山岭时凿石垒砌，经平川就动土夯筑，须跨河流便设立渡口，遇到悬崖峭壁也能够充分利用。

三、辽东边墙

长城从时空跨度而言是世界上最为浩大的人工建筑工程，空间上跨越万里，时间上延续了 2000 年。先前历史书上所谓的长城东起山海关，西至嘉峪关，说的是秦汉长城，而后来重新修订的史书又改为东起辽东虎山，则说的是明长城，新多出来的 2000 多千米，就是明朝修建的辽东长城。

（一）概况

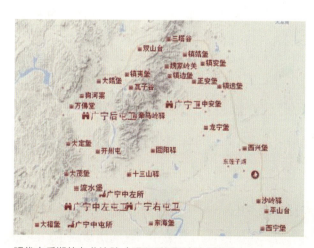

明代中后期的东北边防（明万历初辽东布城图）

明代的辽东，并不是我们现在说的辽宁东部山区，山海关外的辽东镇，大明九边之首，而指的是整个辽宁地区。清朝崛起，使得最东端"辽东边墙"成为摆设之后，整个辽东长城整体防御的功能就消失了，无法再隔绝清朝从东至西的进袭，各个关城仅仅成为清朝前进路上的一颗颗孤立的钉子。清朝入关进而夺取天下之后，大明朝苦心经营二百年的辽东长城随即就被统治者有意识地处理掉了。当然这种处理只是在各种书籍中删除，掩盖了辽东长城存在过的历史。但是现实中，清政府仍然对辽东长城加以利用，只不过改了一个名字，就是"柳条边"。比如《盛京通志》中的《盛京舆地全图》抛弃了长城，只画出了"柳条边"。

（二）辽东长城由中间段开始修建

明朝何时开始大规模修建辽东长城并无确切的史料记载。推断应该是在1442年前后，也就是明英宗时期。"躬出巡边，自山海关直抵开原，高墙垣，深沟堑，五里为堡，十里为屯，烽燧斥堠，珠连璧贯。"（《全辽志》卷四）这段话说的是提督辽东军务的王翱，主持修建了从山海关到开原的防御工事。不过从山海关到开原，已经算是辽东长城的主体完成了，但是最早修建辽东长城的实则另有其人。

在《明宪宗实录》中首次提到筑"辽河内边墙"："自永乐罢运后，筑边墙于辽河之内，自广宁东抵开原七百余里。"清朝人所编纂的《明史》虽然对辽东长城语焉不详，但据清康熙年间杨宾所著《柳边记略》："（辽河套）明宣德以前皆属边内，自毕恭立边墙，遂置境外。"就是说在明宪宗在位时，定辽卫指挥毕恭开始修建辽东长城。而辽东长城的修建不是从西到东修下去的，是在辽河河套地区先修了一段，也就是从广宁（今北镇）到开原地段。

究其原因，辽东长城的修建一开始是为了防御被赶到北方的蒙元残余势力的反扑和侵扰，于是在最容易受到攻击的辽河河套地区最先修建了防御工事。蒙元势力"拦劫驿站"，"入境剿掠"，而"辽东边备废弛"，"守军城堡散落，不相呼应"。"有明一代，自王翱、毕恭而下，汲汲于辽东之经营，倚山筑墙，依水建栅，堡台墩空之属间里而起。使士卒得望峰相引，合阵为抗，以有定之兵，而制无定之寇，以此防夷，似已得策。"[1]解决了当务之急后，明朝则从山海关外一直向西修建了到广宁段的长城，一直到成化年间，耗费了大约30年，终于将辽东长城连成了一片。

（三）原因及用途

建设之初是皇太极为保护"龙兴重地"，防止朝鲜人进入宽甸等地挖采人参，

1. 潘承彬：《明代之辽东边墙》，《禹贡》第6卷第3、4合期，1936年。

辽西长城行——辽西古长城的历史记忆与文化传播

下令整修自凤凰城至碱厂堡（今本溪境）。清朝迁都北京后，就把东北地区划为一个特殊的地带严加保护。一方面是在清朝统治者看来，东北是"祖宗肇迹兴王之所""龙兴重地"，为了防止其"龙脉"受损，须加以管控封禁。另一方面，就是保护东北地区生产的皇室贵族所需要的人参、东珠等特产，以及供每年采捕供物及皇帝巡幸时围猎所用的围场。清代柳条边有些地段也有不植柳的，而是利用旧有的明代长城修缮而成。人参、东珠等物产，以及供每年采捕供物及皇帝巡幸时围猎所用的围场等资源，能够长期为统治者所用。

（四）历史背景

草原势力一直是此起彼伏的，蒙古在东北的影响力逐渐下降，而辽东的女真人又开始崛起了。明宪宗的成化年间，现有的辽东长城只能防御北方，而东方的大明国土则暴露在了女真人的刀枪之下。成化三年，明宪宗起大军东剿建州女真，因功封为武靖伯的赵辅曾作《平夷赋自序》，"强壮就戮，老稚尽俘……旬日之内，虏境以之萧条。"既然大军犁庭扫穴般地摧毁了建州女真人的主体，大片土地自然不能听之任之地放着，让逃往深山老林的女真人再卷土重来。于是由辽阳副总兵韩斌主持修筑了从辽东抚顺"东洲堡"至本溪"草堡"，共"十堡相属千里"的辽东边墙。与此同时，开原守备周俊又开拓了"柴河抵蒲河六十余里"的辽东长城段，主要经由开原镇北堡到铁岭间。此后，又有开原兵备道黄云增设开原"永宁堡"，铁岭"镇西堡""彭家湾堡"和"白家冲堡"，连接四堡的边墙计一百余千米。

数年间，辽东长城东段的主体工事便告完工。辽东长城就从山海关一直修筑到了鸭绿江畔。所以明辽东长城一般被分为三段，从西向东为辽西段长城、辽河套长城和辽东段长城。而其后是数十年间，建州女真被大明朝压制得根本没有出头之机，辽东长城保了辽东近百年平安。所谓三十年河东三十年河西，女真重新崛起后，大明朝也到了衰败期。随着努尔哈赤实力的迅速增强，大明逐渐在辽东采取守势。努尔哈赤率领后金政权的大军越过鸦鹘关、清河堡，攻入辽东镇腹地与明军共据辽东时，辽东的长城也就逐渐失去其军事屏障作用。从努尔哈赤起兵到清朝入关之前的这段时间，因为详知自家的实力，所以清朝攻城略地后一直延续着努尔哈赤的做法，就是攻占一处，就毁掉一处，然后将俘虏全部带走统一集中管理。

在前期统一女真各部的时候，努尔哈赤就将女真各部的所有城池全都破坏殆尽，比如攻打叶赫部的时候，努尔哈赤采取的战术就是，一边拆城一边攻击，城拆完了，叶赫也灭了。烧光抢光政策下，东北女真城镇遭受了毁灭性打击。明朝末期的辽东镇，有镇城二座，"七大恨"誓师伐明之后，首战抚顺，努尔哈赤掠夺了30余万人口之后，"遣兵四千拆抚顺城"，而后又连克开原、铁岭，同样是将两个城池拆个精光。皇太极继位之后，一开始仍是延续了努尔哈赤"毁城迁民"的老办法，大凌河、松山、塔山等城全部被拆毁。这些兵城原本是辽东镇防御体系的支点部分。明朝辽东镇设立了25卫，据城池20余座，最后大多数毁于女真"拆迁队"之手。顺治末年，奉天府尹上书说，现在辽东就剩下沈阳、辽阳和海城还算完整，其他都成了荒土，"合河东河西之腹里以观之，荒城废堡，败瓦颓垣，沃野千里，有土无人，全无可恃。"大批的城镇虽然被拆除，不过对于辽东长城，清朝并没有完全废弃，而是将其改造为"柳条边"。

（五）历史上的辽泽

辽东边墙"V"字以外的地方就是辽泽，指下辽河（沈阳石佛寺以南的辽河河段）平原地区的沼泽地带，主要分布在辽河以西，大约在新民、辽中、台安、盘山、北镇之间，是典型的沼泽湿地环境。有关书籍记载："地下多水患，自驿堡墩台而外，居民绝少，四望无烟，惟芦苇萧萧耳。"辽泽不仅不利于出行，而且湿地在夏季很适合滋生蚊虫，不宜居，不适合农业耕作。

三国时期公孙氏在辽东割据，也有依仗着辽泽和把守着辽泽以南的辽水沿线的原因。237年七月，公孙渊自立为王，是为燕国，并在魏国边境进行骚扰。景初二年（238），魏明帝派时任太尉的司马懿讨伐公孙渊，双方在襄平展开激战，八月城破，公孙渊被俘。自此辽东地区直接归于魏国统治。魏灭燕之战中，司马懿用兵灵活，迟缓有度，成为经典战例，被后世兵法引用，《百战奇法·必战》引用此战："凡兴师深入敌境，若彼坚壁不与我战，欲老我师，当攻其君主，捣其巢穴，截其归路，断其粮草，彼必不得已而须战，我以锐卒击之，可败。法曰：'我欲战，敌虽深沟高垒，不得不与我战者，攻其所必救也。'"

司马懿声东击西将辽东军引诱到南线

高句丽崛起之后，屡屡蚕食辽东和朝鲜北部。有辽泽的存在，使得高句丽能够在辽东和朝鲜北部多处出击，而中原王朝的兵力必须在越过辽泽之后才能展开。虽然几次被打得快亡国，最终高句丽还是在北燕时期完全占据了辽东，与中原政权隔着辽泽对峙，原来辽东与汉四郡的文化也发生了巨大变化。除了山城，辽泽也成了高句丽的一道屏障。《资治通鉴》中记载："（三月）李世勣军发柳城，多张形势，若出怀远镇者，而潜师北趋甬道，出高丽不意。"面对高句丽的全线防守，李世勣的先头部队从不常使用的辽泽北面通道进入高句丽境内，而在经常使用的南面通道则是虚张声势。

隋炀帝东征高句丽，号称百万，部队庞大，但是在渡过辽水前，由于不能登岸，损失很大，几员将领接连阵亡。《隋书》记载："甲午，临戎于辽水桥。戊戌，大军为贼所拒，不果济。右屯卫大将军、左光禄大夫麦铁杖，武贲郎将钱士雄、孟金叉等，皆死之。"这么庞大的部队行动，应该有很多人进入了辽泽。在唐太宗过辽泽的时候，有记载见到了很多隋军士兵的骸骨。当年隋军进军或是撤回的时候，很多人没有死在战场，而是死在了辽泽里。

唐太宗的主力部队则选择直接渡过辽泽，本想出其不意，但是真到了辽泽才发现情况非常糟。《资治通鉴》中记载："庚午，车驾至辽泽，泥淖二百余里，人马不可通，将作大匠阎立德布土作桥，军不留行，壬申渡泽东。丁丑，车驾渡辽水，撤桥，以坚士卒之心，军于马首山。"若不是将作大匠阎立德布土作桥，大军快速通过，唐太宗有可能困在辽泽，等到对面高句丽发现做出反应，有可能会面临当年隋炀帝的困境。

好在李世民有着一支高效的精英团队，将士的凝聚力也很高，这次"过草地"不但没有减缓唐军的步伐，而且阎立德的土工作业也让辽泽有了第一条可以大体使用的道路。以后的辽、金、元，人们逐渐在此基础上建立了从辽泽进入辽东的通路。

道路的时用时废让辽泽仍然成为中原王朝控制辽东的障碍。唐灭高句丽后收复辽东，但是对辽东控制力仍然不强，这有人口的原因，也有辽泽的阻隔作用。后来东北面的渤海崛起，与唐朝的营州隔着辽泽对峙。

到了明朝，辽东辽西都在统一的中原文明的控制之下，辽泽成了隔绝北面蒙古人的天然屏障，被放在了长城之外。谁承想真正的威胁出现在东北，努尔哈赤在占领辽阳后，又率军攻陷了广宁。如果广宁在明朝手中，相当于守住了辽泽南部通道的西出口，后金想进入辽西除非绕道蒙古，但是广宁失陷，辽泽已经不再成为阻碍，关外的局势一下就不利于明朝了。

辽东地处塞外，在历史上与中原联系相对并不紧密，自唐朝之后，又长期被北方辽金等割据政权控制，人烟稀少。所以从明朝开始，尽管早就知道辽河频繁泛滥的现象与辽泽的形成，官府采取的手段也是"避"，而不是"治"。因故明朝辽东镇出现了一个巨大的、呈"V"形的辽河套边墙，将淤积泛滥最严重的辽河西岸地区拦在边墙以外。

　　明朝把辽泽挡在边墙以北，让边墙形成一个巨大的"V"形走势，在军事地理上却是严重的失误，给辽东明军的防御造成极大的被动。因为辽泽只在每年的夏季汛期出现，而从深秋季开始，雨季结束，沼泽干涸，辽泽就会收缩消失，在这一地区出没的蒙古人就可以轻易突破边墙。在"V"字最下端，很靠近渤海的地方叫"牛庄驿"，不仅是明朝辽东重要的海港，也是联系辽东辽阳—开原与辽西广宁—山海关的要道，是咽喉锁地。因为边墙"V"字最下端已经伸展到牛庄驿，导致辽东地区几乎被一分为二，开原、辽阳与广宁三地无法形成应援。开原与广宁之间直线距离仅 150 千米，但因为边墙如此走势，如果开原遭到袭击，广宁的明军想去救援，要走 350 千米路。

　　直到晚清和民国时期，闯关东人口大量涌入，自然环境被迅速开发。

　　到了 19 世纪末 20 世纪初，随着科学技术飞速发展，生产力水平的显著提高，人类组织水利设置建设，加之官府重视，能及时、有效地治理辽河水患，辽泽最终消失。[1]

---

1. 肖忠纯：《古代"辽泽"地理范围的历史变迁》，载《中国边疆史地研究》，2010 年第 1 期。

四、辽西境内段长城

　　葫芦岛市植股山段长城是明代辽东长城防御体系中的一个组成部分，类型美观，结构精巧，御敌设施齐全，虽屡遭破坏，依然能看出当年的雄伟，绵延伸展的城墙及敌台，纵深梯次相贯、点线结合，打破了城墙的单调感，使高低起伏的地形更显得雄奇险峻，充满巨大的艺术魅力。

　　植股山段长城（1号、6号、8号敌台及周边墙体）遗迹现存较为完好：1号敌台建在虹螺岘镇靠山屯南山上，属植股山北侧山脉，条石基础，台体为青砖包砌，白灰勾缝，平面呈圆形，剖面呈梯形。该敌台建在植股山长城1段墙体内侧，该段墙体基础为自然沉积砂岩，墙体系毛石干垒。6号敌台建在虹螺岘镇小毛家沟屯东北植股山南侧山坡上，在自然山体上用大块毛石包砌，内填碎石，台体平面呈长方形。8号敌台建在小毛家沟东侧的植股山余脉之上，该敌台为条石基础，其上为青砖包砌，白灰勾缝，平面呈长方形。6号、8号敌台建在植股山长城5段墙体内侧，该段墙体起于南植股山南坡，东北接植股山长城4段，一路沿山脊分布，全长1934米，墙体基础为自然沉积砂石，墙身用石灰石干垒，中间用碎石填充。

　　植股山段长城于明正统七年开始修筑，明成化至嘉靖年间补筑和增筑。万历初年对边墙系统修缮，万历三十七年（1606）对边墙进行最后一次修缮。在20世纪70年代搞农田基本建设施工中，有部分长城边墙被毁，在第二次文物普查时对该段进行调查。1984年公布为县级文物保护单位，2007年葫芦岛市长城资源考察队对该段进行调查，2013年被国务院公布为第七批全国重点文物保护单位。

附录一

从燕到明：辽宁长城建城简史

长城是我国古代的一项极为雄伟的防御建筑工程，历经千年岁月沧桑依然盘踞在崇山峻岭之间，如一条腾飞的巨龙。长城的修筑自春秋战国开始，一直到明清时期，工程历时 2000 多年，总长度在 2 万千米以上。在千年之前，劳动人民就凭借自己的双手完成了这样一项艰巨的工程，无数的人献出了自己宝贵的生命，长城的成功修筑凝聚了中国古代劳动人民的智慧和血汗，是中华民族伟大的创造精神和顽强精神的象征，长城是中华文明的瑰宝，也是中国的一张醒目的名片。

很多人提起长城可能会首先想到北京、河北、陕西等省市，但其实辽宁省内也有相当丰富的长城资源，是长城版图中一个极其重要的省份。经考证，辽宁省内有战国燕长城、秦汉长城、晋长城、北齐长城、北周长城、隋长城、辽长城、明长城等 10 个时期的长城，据国家文物局《中国长城保护报告》认定，辽宁的长城资源点段数量在长城沿线 15 个省（区）中位居第五位，辽宁是当之无愧的"长城资源大省"。

燕长城

　　辽宁省内最早的长城是战国时期燕国修筑的。燕国是西周时分封的诸侯国之一，周武王灭商后，进行分封，将姬奭封于燕地，称燕召公，燕国共历时 800 余年。春秋时期，燕国的国力较弱，经常受到游牧民族的骚扰。公元前 312 年，燕昭王登基，他广泛地招贤纳将，励精图治，于是燕国开始变得强大，后来还成为了战国七雄之一。燕国在诸侯国中位于东北部，东面临渤海，拥有自然屏障的保护，但是南面为齐国，西面为赵国和与赵国接壤的秦国，北面为游牧民族。并且秦国崛起，有称霸之心，燕国和秦国之间虽然还有赵国相隔，但赵国也常受秦国的驱使骚扰入侵燕国，而在燕国的北面则常有游牧民族南下骚扰。为了防御，燕国修筑了南北两道

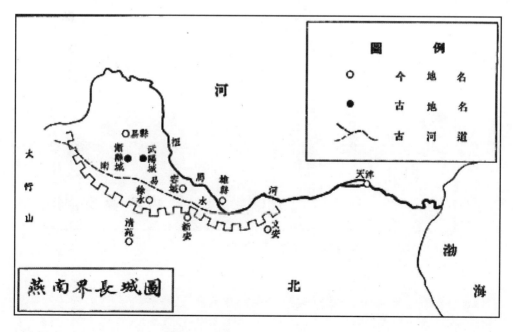

燕南界长城图（选自《中国长城建置考》张维华）

长城。[1]

　　燕南长城的修筑时间相对较早。在《史记·张仪列传》中曾有记载，张仪游说燕昭王时说："今大王不事秦，秦下甲云中、九原，驱赵而攻燕，则易水、长城，非大王之有也。"[2] 这表明那时燕国已有长城，且位于易水一带，张仪游说燕昭王的时间为公元前311年，所以这一段长城修建的时间应该在公元前311年之前。在燕昭王即位前燕国常受骚扰，燕王哙在位时，齐国就曾利用燕国内部矛盾伐燕，应是在此情形下，燕国修筑了燕南长城自卫，所以燕南长城应该始筑于燕王哙时期，可能续修于燕昭王时期。[3] 这段长城的走向，据《水经注》等文献记载，西起河北省易县西北太行山下，经易县、徐水、安新、雄县、文安境内，最后止于子牙河。

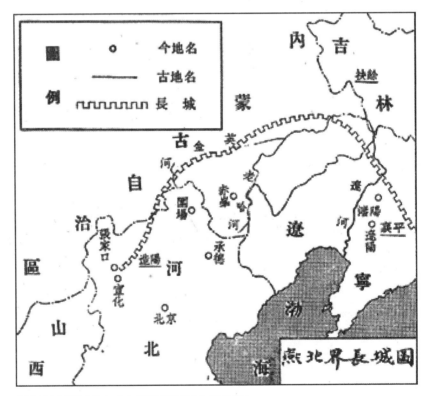

燕北界长城图（选自《中国长城建置考》张维华）

1. 罗文哲：《长城》，北京：北京美术摄影出版社，1999年，第26页。
2.（汉）司马迁：《史记》卷70《张仪列传》，北京：中华书局，1973年，第2298页。
3. 景爱：《长城》，北京：学苑出版社，2008年，第124页。

燕北长城的建造时间比燕南长城要晚一些，《史记·匈奴列传》有记载："燕有贤将秦开为质于胡，胡甚信之，归而袭破走东胡，东胡却千余里。燕亦筑长城，自造阳至襄平；置上谷、渔阳、右北平、辽西、辽东郡以拒胡。"[1] 燕国北面的东胡兵力强劲，对燕国造成巨大威胁，为了边境的安宁，燕国把秦开作为人质送给了东胡，以求暂时的安定。而胡人对秦开非常信任，对秦开的限制不严，所以秦开在东胡作人质期间，了解了东胡的地势险要、军队的布防情况和活动规律。秦开从东胡归来后，率军出击屡屡犯境的东胡，一路过关斩将，大败东胡，这便是"秦开却胡"的故事。这一战成功使燕国东北部边境向北推进了一千多里，大大开拓了燕国的疆域，燕国也修筑了长城来防御东胡的骚扰。《史记·匈奴列传》中也写明了燕北长城的建造是从造阳至襄平，即独石口到滦河一带至辽东境，并且燕国还设立了上谷、渔阳、右北平、辽西、辽东五郡。这道长城所经的地方，约自今河北张家口东北行经内蒙古多伦、独石等境，又东经河北省围场县、辽宁朝阳，越过医巫闾山，渡辽河达于辽阳以南至碣石。[2] 燕北长城在辽宁以西分为两道，又在辽宁彰武合为一道。史学界以赤峰为界标，将这两道长城分别称为"赤北长城"与"赤南长城"，而著名考古学家冯永谦先生在其著作《辽宁古长城》中称其为"外线长城"与"内线长城"。这两道长城间相距百余里，"内线长城"是燕昭王时期秦开打败东胡后修筑的，"外线长城"应是在此后国力越发强盛，对北部进一步拓展后，有了战略上的进可出击、退可固守的条件时修筑的。[3]

1.（汉）司马迁：《史记》卷110《匈奴列传》，北京：中华书局，1973年，第2885—2886页。
2. 罗文哲：《长城》，北京：北京美术摄影出版社，1999年，第28页。
3. 冯永谦、何溥滢：《辽宁古长城》，沈阳：辽宁人民出版社，1986年，第14页。

秦长城

战国时期，诸国并立，战争不断，直到公元前221年，秦始皇统一六国，彻底结束了诸侯割据称雄的局面，建立起中国历史上第一个统一的中央集权的封建专制王朝。在秦朝刚刚建立时，北方的匈奴也渐渐强大起来，对中原地区构成了威胁，而此时秦朝国内政权也还待稳固，所以秦始皇一边在国内实行一系列巩固统一的改革措施，如统一度量衡、实行郡县制，一边开始修筑长城，用来防御匈奴。《史记·蒙恬列传》中写道："始皇二十六年，蒙恬因家世得为秦将，攻齐，大破之，拜为内史。秦已并天下，乃使蒙恬将三十万众北逐戎狄，收河南。筑长城，因地形，用险制塞，起临洮，至辽东，延袤万余里。于是渡河，据阳山，逶迤而北。暴师于外十余年，居上郡。"[1]《史记·秦始皇本纪》也有记载："西北斥逐匈奴。自榆中并河以东，属之阴山，以为（四）十四县，城河上为塞。"[2]和在高阙、阳山、北假一带"筑亭障以逐戎人"[3]，这便是后来著名的"万里长城"。

战国时期诸侯并立，各国都有修筑自己的长城，秦始皇统一六国后，为了防止国家内部分裂，下令拆除了国内的长城，但保留了边境上原先秦、赵、燕三国北部的长城，并加以联结，形成秦国统一的北部边防，所以秦始皇修筑的长城也并非全新线路，而是在沿用了前代长城的基础上再修建部分新长城。

战国时期，秦昭王长城西起甘肃岷县，经兰州，东至河曲黄河西岸。赵武灵王长城西起狼山西端，经河曲黄河北之阴山、呼和浩特，东至河北张家口。燕北长

1.（汉）司马迁：《史记》卷88《蒙恬列传》，北京：中华书局，1973年，第2565–2566页。

2.（汉）司马迁：《史记》卷6《秦始皇本纪》，北京：中华书局，1982年。

3.（汉）司马迁：《史记》卷6《秦始皇本纪》，北京：中华书局，1982年。

城西起河北独石口，北至滦河源一带，东至辽东。这三段长城便是秦始皇"万里长城"的基础。[1]秦国在吞并了燕国后便有了渤海作为天然屏障，并且秦国在东北边境把原燕国的外线长城加以延伸，直到秦代辽东郡的东南端。今人考古时在燕北长城附近发现了秦代的城堡和卷云纹瓦当、筒瓦等遗物，证实了秦朝确实沿用了燕北长城。而《辽史》中有记载："天德军，本中受降城。唐开元中废横塞军，置天安军于大同川。乾元中改天德军，移永济栅，今治是也。太祖平党项，遂破天德，尽掠吏民以东。后置招讨司，渐成井邑，乃以国族为天德军节度使。有黄河、黑山峪、庐城、威塞军、秦长城、唐长城；又有牟那山，钳耳觜城在其北。"[2]张鼎彝的《绥乘》中也有写道："秦之长城，在绥远北境……在归化城北阴山。"[3]这都表明了大青山以南的赵武灵王长城大部分被秦朝沿用，并且赵武灵王长城附近也发现有秦代遗迹遗物，证明了这一结论。而秦朝西边的长城基本是沿用秦昭王的旧长城修缮延长而成，并且在维修原秦长城的基础上，进一步延长至羌中。

秦始皇修筑长城耗费许多的人力物力。《淮南子·人间训》说："秦皇挟录图，见其传曰：'亡秦者，胡也'。因发卒五十万，使蒙公、杨翁子将，筑修城。西属流沙，北击辽水，东结朝鲜，中国内郡挽车而饷之。"[4]《水经·河水注》中引杨泉《物理论》说："始皇使蒙恬筑长城，死者相属，民歌曰：'生男慎勿举，生女哺用餔，不见长城下，尸骸相支柱'。"这些都表明了无数劳动人民为修筑长城付出了血汗甚至生命，也证明了长城是劳动人民的智慧成果。

1. 冯永谦、何溥滢：《辽宁古长城》，沈阳：辽宁人民出版社，1986年，第32页。

2.《辽史》卷41，《地理志五》，中华书局校点本，第509页。

3. 张鼎彝：《绥乘》卷8，《古迹考》，上海：上海泰东图书局，1922年，第3页。

4.（汉）刘安：《淮南子》。

汉长城

汉长城图（选自《中国长城建置考》张维华）

秦朝建立 15 年，便因暴政激起农民大起义，走向了灭亡，经历战乱后，刘邦获得了最后的胜利，于公元前 206 年建立了汉王朝，即西汉。西汉末年，王莽篡夺汉朝政权，建立新朝，最终在公元 25 年被刘秀推翻，刘秀建立了新王朝，即东汉。汉代的长城既沿用了前代长城，又修筑了新长城，长度达到了两万里，是历史上修筑长城最长的一个朝代。[1]

汉朝修筑长城主要还是为了防御匈奴。西汉初年，匈奴头曼单于之子冒顿杀父自立，并不断南下侵占土地，势力逐渐扩张。《史记·匈奴列传》有记载："及冒顿以兵至，击，大破灭东胡王，而虏其民人及畜产。既归，西击走月氏，南并楼烦、

1. 罗文哲：《长城》，北京：北京美术摄影出版社，1999 年，第 37 页。

白羊河南王。悉复收秦所使蒙恬所夺匈奴地者，与汉关故河南塞，至朝那、肤施，遂侵燕、代。是时汉兵与项羽相距，中国罢於兵革，以故冒顿得自强，控弦之士三十餘万。"[1] 然后冒顿便继续南侵，围攻马邑，《史记·匈奴列传》记载："是时汉初定中国，徙韩王信於代，都马邑。匈奴大攻围马邑，韩王信降匈奴。匈奴得信，因引兵南逾句注，攻太原，至晋阳下。"[2] 汉高祖刘邦面对匈奴的入侵，亲自率领 32 万大军抗击匈奴，但是匈奴实力也十分强大，刘邦被围困在白登山上长达 7 日，最后是靠着贿赂冒顿的阏氏才突围出去。当时西汉刚刚建立，政权还在巩固，经济还在恢复，然而匈奴已经强大起来，汉朝无法拿出更多兵力对抗匈奴，便采取了和亲的政策，下嫁宗室女以维持边境的安宁，这一政策持续了几十年。但是即便采取了和亲政策，匈奴的奴隶主贵族还是时时骚扰汉朝边境。

刘邦称帝的第二年（公元前 201），便下令修缮了秦昭王时期修筑的长城。《史记·高祖本纪》中记载："於是置陇西、北地、上郡、渭南、河上、中地郡；关外置河南郡。更立韩太尉信为韩王。诸将以万人若以一郡降者，封万户。缮治河上塞。"[3]

文帝、景帝时期也曾修缮长城，有效地防御了匈奴的骚扰，并且汉朝在经历了文景之治后经济政治也得到了恢复和发展，国力逐渐增强。

建元元年（公元前 140），汉武帝刘彻即位。汉武帝在位期间，汉朝经济达到新的高峰，军事能力也大大增强。汉武帝对匈奴的骚扰选择了予以坚决的回击，并且采取积极防御的战略方针，以攻为守，主动出击。李广、卫青、霍去病等大将率兵大破匈奴，给匈奴予以沉重的打击，同时汉武帝也加强防御，继续修缮原来的长城，同时也新筑了许多长城，进一步发展和改进了长城的布局，形成了坚固的防御休系。根据历史记载，汉武帝较大规模地修建长城大致可分为 4 次。[4]

1.（汉）司马迁：《史记》卷 110《匈奴列传》，北京：中华书局，1973 年。
2.（汉）司马迁：《史记》卷 110《匈奴列传》，北京：中华书局，1973 年。
3.（汉）司马迁：《史记》卷 8《高祖本纪》，北京：中华书局，1973 年，第 369 页。
4. 董耀会、吴德玉、张元华：《明长城考实》，南京：江苏凤凰科学技术出版社，2019 年，第 18 页。

第一次在元朔二年，《史记·匈奴列传》记载："其明年，卫青复出云中以西至陇西，击胡之楼烦、白羊王于河南，得胡首虏数千，牛羊百余万。于是汉遂取河南地，筑朔方，复缮故秦时蒙恬所为塞，因河为固……是岁，汉之元朔二年也。"[1] 第二次在元狩二年，汉武帝修筑了由今甘肃永登至酒泉的长城。《汉书·张骞传》记载："而汉始筑令居以西，初置酒泉郡，以通西北国。"[2] 第三次是在元鼎六年至元封元年，《史记·大宛列传》记载："于是天子以故遣从骠侯破奴将属国骑及郡兵数万，至匈河水，欲以击胡，胡皆去。其明年，击姑师，破奴与轻骑七百余先至，虏楼兰王，遂破姑师……王恢数使，为楼兰所苦，言天子，天子发兵令恢佐破奴击破之，封恢为浩侯。于是酒泉列亭障至玉门矣。"[3] 这一段长城是从酒泉到玉门关。第四次是从太初元年至太初四年，《史记·大宛列传》记载："而敦煌置酒泉都尉；西至盐水，往往有亭。"[4]

西汉时期的长城，是在沿袭燕秦长城的基础上新筑的，在东段长城线上和附近的城址中，不仅能看到西汉时期的遗迹，也能看到燕秦时期的遗迹。秦朝时便利用了燕国的外线长城，而西汉仍是利用了这一段长城进行修缮用以戍卫边境。[5]

西汉所筑的长城防御体系有力阻挡了匈奴的进犯，对西汉的发展起到了重要的维护作用，并且绵延的长城也守护了联系西汉与西域各国的丝绸之路，为西汉与西域各国的经济贸易、文化交流打下基础。

东汉时期也有修筑长城，《后汉书·光武纪》中记载："建武十二年十二月，遣车骑大将军杜茂将众郡驰刑屯北边，筑亭障，修烽燧。"[6] 但东汉国力渐弱，北方的游牧民族势力渐强，常常南下侵扰东汉边境，东汉的边境也日渐南移，虽然也有修

1.（汉）司马迁：《史记》卷110《匈奴列传》，北京：中华书局，1973年，第2906页。

2.（汉）班固：《汉书》卷61《张骞传》，北京：中华书局，1974年，第2694页。

3.（汉）司马迁：《史记》卷123《大宛列传》，北京：中华书局，1973年，第3171–3172页。

4.（汉）司马迁：《史记》卷123《大宛列传》，北京：中华书局，1973年，第3179页。

5.冯永谦、何溥滢：《辽宁古长城》，沈阳：辽宁人民出版社，1986年，第44–45页。

6.（南朝宋）范晔编：《后汉书》。

筑长城，但规模较小，较前代长城位置也南移了许多。

晋长城

东汉末年，再度陷入战乱，呈现出三国鼎立的局面，最终是司马炎建立政权，即位称帝，并在公元280年灭掉东吴后结束了三国分立的局面，完成了大一统，史称西晋。西晋时期关于长城的记载较少，在《晋书》中写道："北虏侵掠北平，以彬为使持节、监幽州诸军事、领护乌丸校尉、右将军。彬既至镇，训卒利兵，广农重稼，震威耀武，宣喻国命，示以恩信。于是鲜卑二部大莫廆、摛何等并遣侍子入贡。兼修学校，诲诱无倦，仁惠广被。遂开拓旧境，却地千里。复秦长城塞，自温城泊于碣石，绵亘山谷且三千里，分军屯守，烽堠相望。由是边境获安，无犬吠之警，自汉魏征镇莫之比焉。"[1] 但这一条长城尚待进一步证实。

北齐长城

北齐为中国南北朝时期的北朝政权之一，由东魏的权臣之子高洋所建立。北齐西边有西魏，北面有游牧民族在边境骚扰，所以北齐也多次修筑长城进行防护。《北齐书》中有北齐多次修长城的相应记载："（天保三）九月辛卯，帝自并州幸离石。冬十月乙未，至黄栌岭，仍起长城，北至社干戍四百余里，立三十六戍。"

1.（唐）房玄龄等：《晋书》。

"（天保五）十二月庚申，帝北巡至达速岭，览山川险要，将起长城。""（天保六）发夫一百八十万人筑长城，自幽州北夏口至恒州九百余里。""（天保七）自西河总秦戍筑长城东至于海，前后所筑东西凡三千余里，率十里一戍，其要害置州镇，凡二十五所。""（天保八）于长城内筑重城，自库洛拔而东至于乌戍，凡四百余里。"[1]

北周长城

公元557年，北周灭掉西魏。为了防御北方的突厥、契丹等，《周书》中记载："大象元年六月，发山东诸州民修长城，立亭障，西自雁门，东至碣石。"[2]且《通鉴注》也写道："修齐所筑长城也。"[3]所以北周应该是修筑过长城，且是沿袭齐国的长城，但是规模都比较小。

隋长城

公元581年，北周静帝禅让于丞相杨坚，北周覆亡。杨坚定国号为"隋"，史称隋文帝，公元589年，隋军南下灭陈，统一了中国，结束了自西晋末年以来混乱割据的局面。为了防御突厥、契丹、吐谷浑等游牧民族，隋朝也多次修筑长城。

隋文帝杨坚时期应是修筑长城共4次，古代文献中都有相应记载。第一次，据

1.（唐）李百药：《北齐书》。
2.（唐）令狐德棻：《周书》。
3. 胡三省：《通鉴注》。

《隋书·高祖纪》记载："开皇元年四月，发稽胡修长城，二旬而罢。"[1]《隋书·韦世冲传》记载："发南汾州胡千人北筑长城。"[2]第二次，据《隋书·崔仲方传》记载："进位上开府，寻转司农少卿，进爵安固县公。令发丁三万，于朔方、灵武筑长城，东至黄河，西拒绥州，南至勃出岭，绵亘七百里。"[3]第三次，据《隋书·高祖纪》记载："开皇六年，二月丙戌发丁男十一万修筑长城，二旬而罢。"[4]《隋书·崔仲方传》记载："明年（开皇六），上复令仲方发丁十五万，于朔方已东缘边险要筑数十城，以遏胡寇。"[5]第四次，据《隋书·高祖纪》记载："开皇七年二月，发丁男十万余修长城，二旬而罢。"[6]

隋炀帝杨广即位后，也进行了长城的修筑。《隋书·炀帝纪》记载：大业三年七月"发丁男百余万筑长城，西距榆林，东至紫河，一旬而罢"[7]。《隋书·炀帝纪》也有记载：大业四年"乙丑，车驾幸五原，因出塞巡长城……秋七月辛巳，发丁男二十余万筑长城，自榆谷而东……九月辛巳，诏免长城役者一年租赋"[8]。

辽长城

辽代是由契丹族建立的朝代。907年，辽太祖耶律阿保机成为契丹可汗，916年始建年号，建国号"契丹"，定都上京临潢府。947年，辽太宗耶律德光率军南下

1.（唐）魏徵：《隋书》卷1《高祖纪》，北京：中华书局，1973年，第15页。
2.（唐）魏徵：《隋书》卷47《韦世冲传》，北京：中华书局，1973年，第1269–1270页。
3.（唐）魏徵：《隋书》卷60《崔仲方传》，北京：中华书局，1973年。
4.（唐）魏徵：《隋书》卷1《高祖纪》，北京：中华书局，1973年，第23页。
5.（唐）魏徵：《隋书》卷60《崔仲方传》，北京：中华书局，1973年。
6.（唐）魏徵：《隋书》卷1《高祖纪》，北京：中华书局，1973年，第25页。
7.（唐）魏徵：《隋书》卷3《炀帝纪》，北京：中华书局，1973年。
8.（唐）魏徵：《隋书》卷3《炀帝纪》，北京：中华书局，1973年。

中原，攻占汴京，于汴京登基称帝，改国号"大辽"。

辽代时曾修筑长城，但相对来说非常短。《辽史》记载：太祖二年冬十月"筑长城于镇东海口"。这一句表明在辽朝正式建立以前就修筑过长城，这也是我们今天所说的镇东海口长城。这一段长城的位置据考古调查发现，应该在辽宁最南端的大连，东面是大连湾，西面是金州湾，这段长城仅有5千米左右，是中国历代长城中最短小的一道长城。

这段长城的建造应是契丹人为了隔绝渤海国而建造的。契丹与渤海国有世仇，阿保机在征讨渤海国以前，曾说过"唯渤海世仇未雪，岂宜安驻"。所以在契丹还未讨伐渤海国以前，为了防止渤海国人与中原唐王朝联络，得到中原的援助，便建造了这一小段长城隔绝其往来。

明长城

元末爆发红巾起义，皇觉寺的和尚朱元璋加入起义军中。1364年朱元璋称吴王，1368年初称帝，国号大明。原先统治元朝的蒙古贵族虽退回了塞北，但其军事实力仍然强劲，并且仍不断地南下骚扰，在很长一段时间里明朝与蒙古各部冲突不断，后来还有女真等游牧民族的兴起，更加大了明朝北方防守的压力，因此明朝十分重视北方的城防建设。

原来在朱元璋即将统一全国的时候，就采纳了休宁人朱升"高筑墙"的建议。高筑墙就是筑城设防备战的意思。因此明朝对全国各州府县的城墙都修筑得十分坚固，全部用砖包砌。[1] 而长城作为北方重要的防御工程，明朝对其相当重视，长城的

---

1. 罗文哲：《长城》，北京：北京美术摄影出版社，1999年，第51页。

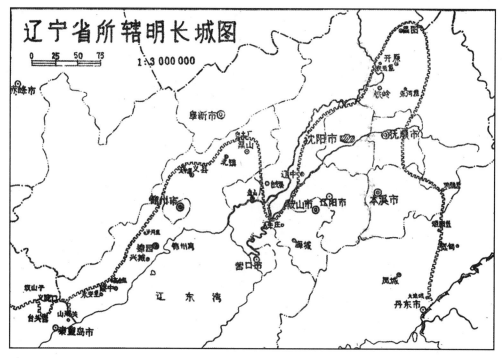

辽宁省所辖明长城图（选自《明长城考实》华夏子）

修筑工程从建国之初便开始，在明朝二百多年的历史中差不多一直没有停止对长城的修筑和巩固。明长城东起鸭绿江，西达祁连山，长达一万二千七百九十多里，明朝修筑长城的技术也有很大的改进，修建了各种附属设施，形成坚固的防御体系，明长城相比其他长城也更为复杂坚固，在明朝北部形成一道坚不可摧的防线。

关于明长城的修筑方法和结构，冯永谦、何溥滢所著的长城专著《辽宁古长城》中有详细的介绍："明长城墙体本身的结构和修筑方法略有不同，可分为三部分。由山西至甘肃的这一段，是夯土版筑的城墙，外面不用砖石包砌，这种情况仍和战国以来修筑长城的夯筑技法相同，这段长城墙基宽四米，顶宽近两米，高五米余，墙上有垛口，用以防守御敌。由山西以东到河北山海关这段，两侧墙面全部用砖包砌，当中填土经夯杵打实，坚固异常，而八达岭以东的一些线段，底部砌以巨大石条，更为坚固；这段长城墙基宽六米，顶宽五米多，外有垛口，高达两米，内砌女墙，高耸的战台、敌台林立墙间，更增加了长城威武雄壮的气势，在长城上面可容纳五马并行；尤其这段长城都建在高山峻岭之上，更为险要。由山海关以东至辽宁鸭绿江的这道长城，为夯土墙、石砌墙和劈山墙、木板栅等互用，随地取材，形式多样，变化很大，它构成了明代长城的又一特点。"[1]

明代为了加强长城防御功能，将长城沿线分成九大防区，这便是明长城的"九镇"，又称"九边"，即辽东镇、蓟镇、宣府镇、大同镇、太原镇、延绥镇、宁夏镇、固原镇、甘肃镇，后又为了加强京城防务和保护帝陵的需要，于嘉靖三十年在北京的西北增设了昌镇和真保镇，构成九边十一镇的防御体系布局[2]。

十一镇分别管辖的长城范围如下：

辽东镇，总兵府最初设在辽宁辽阳，后改移驻兵广宁（辽宁北镇），管辖长城为东起鸭绿江，西至山海关一段，全长970余千米。

蓟镇，总兵府设在河北蓟县三屯营，管辖长城为东起山海关，西至慕田峪（北京怀柔县境内）一段，全长880余千米。

昌镇，总兵府设在昌平，是从原蓟镇中增设的，管辖长城为东起慕田峪，西至紫荆关一段，全长230千米。

真保镇，总兵府设在保定，为加强防务而增设，管辖长城为北起紫荆关，南至故关一带，全长230千米。

宣府镇，总兵府设在河北宣化，管辖长城为东起居庸关，西至大同西洋河一段，全长510千米。

大同镇，总兵府设在山西大同，管辖长城为东起镇口台（山西天镇东北），西至鸦角山（山西偏关东北）一段，全长335千米。

太原镇，也称山西镇，总兵府设在山西偏关，管辖长城为西起山西保德黄河岸，经由偏关、老营堡、宁武关、雁门关、平型关、龙泉关、固关而达黄榆岭一

1. 冯永谦、何溥滢：《辽宁古长城》，沈阳：辽宁人民出版社，1986年，第66–67页。
2. 罗文哲：《长城》，北京：北京美术摄影出版社，1999年，第53页。

段，全长 800 余千米。

延绥镇，也称榆林镇，总兵府设在陕西榆林堡，管辖长城为东起黄甫川（陕西府谷境内），西至花马池（宁夏盐池县）一段，全长 885 千米。

宁夏镇，总兵府设在宁夏银川，管辖长城为东起大盐池（宁夏盐池境内），西至兰州一段，全长约 1000 千米。

固原镇，总兵府设在宁夏固原，管辖长城东起陕西靖边与榆林镇长城相接，西至皋兰与甘肃镇长城相接，全长约 500 千米。

甘肃镇，总兵府设在甘肃张掖，管辖长城为东起兰州，西至嘉峪关一段，全长约 800 千米。

自居庸关以西的长城分为南北两线，到山西偏关附近相合，被称为内、外长城。长城的关隘也很多，著名的内、外三关便是长城线上的 6 个重要关口，内三关为居庸关、倒马关、紫荆关，外三关为雁门关、宁武关、偏头关，这内外三关成了明王朝保卫京师和东南地区的重要险阻。[1]

明长城最东为辽东镇，辽东镇长城大概分为辽河西长城、辽河套长城、辽河东长城三大部分。[2] 辽河西长城是辽东镇长城中最早修筑的一段，《明宪宗实录》记载："自永乐中罢海运后，筑边墙于辽河之内，自广宁东抵开原七百余里。"[3] 然后是辽河套长城，为明正统二年（1437）开始修筑，《明孝宗实录》记载："辽东边墙，正统二年始立。自后，三卫夷人……假以放牧，潜入河套。且边墙阻辽河为固，濒河之地，延亘八百余里。"[4] 辽河东长城是明成化四年（1468）开始修筑，《辽东志》记载：成化三年（1467），"自抚顺而南四十里，设东州堡；东州之南三十里，设马根单堡；马根之南九十里，设清河堡；清河之南七十里，设碱场堡；碱场之南

1. 罗文哲：《长城》，北京：北京美术摄影出版社，1999 年，第 56 页。
2. 董耀会、吴德玉、张元华：《明长城考实》，南京：江苏凤凰科学技术出版社，2019 年。
3.《明宪宗实录》卷 290，南京：江苏省国立国学图书馆，民国二十九年（1940），第 3 页。
4.《明孝宗实录》卷 72，南京：江苏省国立国学图书馆，民国二十九年（1940），第 6 页。

一百二十里，设嗳阳堡。烽堠相望，远近应接，拓地千里焉。"[1]

蓟镇长城是明代长城中九镇中最重要的一镇，也是最坚固最雄伟的一镇。《明史·兵志》记载：洪武六年（1373），"命大将军徐达等筹备山西、北平边，谕令各上方略。从淮安侯华云龙言，自永平、蓟州、密云迤西二千余里，关隘百二十有九，皆置戍守。"[2]《永平府志》记载，洪武十四年（1381），"徐达发燕石等卫屯兵万五千一百人修永宁、界岭等三十二关"。[3] 而蓟镇是从嘉靖二十七年开始称为"蓟镇"的，《明史·兵志》记载："蓟之称镇，自二十七年始。"

宣府镇战略地位十分重要，是边陲重地。宣府镇长城是明代九边中修筑最早的，为永乐年间所建[4]，《明会要》记载："永乐十年，敕边将治壕垣，自长安迤西至洗马林，皆筑石垣，深壕堑，以固防御。"[5] 宣府镇于永乐七年（1409）设置总兵官，始称宣府镇。而宣府镇长城较大规模的修筑主要是在嘉靖年间，《宣化府志》记载，嘉靖二十三年（1544）"都御史王仪请筑宣府北路之龙门许家冲，中路之大小白阳，西路之膳房、新开、新河口、洗马林诸要冲垣墩，配兵乘受，从之"。[6]

大同城为明洪武五年（1372）"大将军徐达因旧土城增筑，周十三里、高四丈二尺，址砌以石墙，甃以砖，门四"[7]。根据《三云筹俎考》记载，大同开始称"镇"是在永乐七年（1409），而大同在洪武二十八年（1395）便已经开始了边防事务的经营，《明史·太祖本纪》记载：洪武二十八年（1395），"周王橚、晋王棡率河南、山西诸卫军出塞，筑城屯田"[8]。关于长城的修筑，根据《大同县志》中记载，大同镇长城主要是在嘉靖年间修筑的。"壬寅（嘉靖二十一年，1542）六月，廷推（翟

1.（明）任洛：《辽东志》卷7《韩斌辽东防守规画》，沈阳：辽海书社，民国二十三年（1934），第4页。
2.（清）张廷玉：《明史》卷91《兵志》，北京：中华书局，1974年，第2235页。
3.（清）游智开修，（清）史梦兰纂：《永平府志》卷42《关隘》，光绪五年（1879）刻本，第1页。
4. 景爱：《长城》，北京：学苑出版社，2008年，第175页。
5. 龙文彬纂：《明会要》卷63《兵六》，北京：中华书局，1956年，第1215页。
6.（清）王者辅等修，（清）张志奇等续修：《宣化府志》卷14《塞垣》，第27页。
7.（清）黎中辅修：《大同县志》卷5，道光十年（1830）刻本，第1页。
8.（清）张廷玉：《明史》卷3《太祖本纪》，北京：中华书局，1974年，第52页。

鹏）总督宣、大、偏、保并节制山东、河南。公乃挑修大同壕墙一道，深广各二丈，且垒土为墙，高复倍之，延袤三百九十余里，添筑新墩二百九十二座，护墩堡一十四座。"[1]

太原镇也称山西镇，为内长城外三关部分。《九边图考》中曾写道："偏头、宁武、雁门，自西迤东三关并列，西尽黄河东岸，东抵大同。虽太原北境要害之地，与真定相为唇齿，非唯山西重镇，而畿辅之地安危系焉。"[2]足以证明太原镇在明代防御体系中的重要地位。关于太原镇的建造，据《明史·兵志》记载：洪武六年（1373），朱元璋命大将军徐达筹备山西、北平边时，"诏山西都卫于雁门关、太和岭并武、朔诸山谷间，凡七十三隘，俱设戍兵"[3]。在嘉靖二十五年（1546）时，翁万达任总督，负责宣、大、保定军务，即三边总督。在他任职期间，修筑了大同西路和宣府东路的长城，以及太原镇宁武、雁门一带的长城。

延绥镇地处陕北黄土高原，又称榆林镇。榆林地区的相关防务经营从明英宗正统年间开始，《榆林府志》记载："正统二年（1437），守将都督王祯始请榆林堡往北三十里之外，沙漠平地增筑瞭望墩台，虏窥境即举烟示警……开创榆林一带营堡，累增至二十四所，发调延安、绥德、庆阳三卫官军分戍。"[4]而长城在成化之前应该就已建造，《明史·王复传》记载：成化初年，"毛里孩扰边，命复出视陕西边备。自延绥抵甘肃，相度形势，上言：'延绥东起黄河岸，西至定边营，接宁夏花马池，萦纡二千余里。险隘俱在内地，而境外乃无屏障，止凭墩堡以守……'[5]"，但大规模的修筑应是在成化七年以后，成化年间、嘉靖年间、万历年间都曾大规模修筑过。

宁夏镇在被称为塞上江南的宁夏黄河套区域，明朝放弃内蒙古河套平原，退守

1.（清）黎中辅修：《大同县志》卷6，道光十年（1830）刻本，第4页。
2.（明）程道生：《九边图考》之《三关考》，武进：庄氏玉青馆，民国八年（1919）石印本，第37页。
3.（清）张廷玉：《明史》卷91《兵志》，北京：中华书局，1974年，第2235页。
4.（清）李熙龄纂：《榆林府志》卷21，清道光二十一年（1841）刻本，第1页。
5.（清）张廷玉：《明史》卷177《王复传》，北京：中华书局，1974年，第4717页。

宁夏后，失去了地利，宁夏镇成为了游牧民族南下的突破口。[1] 这段长城的建造与都御史徐廷璋、镇守都督范瑾、总制陕西边务左副都御史杨一清等人有关。据《嘉靖宁夏新志》记载："自黄沙嘴起，至花马池止，长三百八十七里。成化十年都御史余子俊奏筑，巡抚都御史徐廷璋、总兵官范瑾力举而成之。"[2]《北虏事迹》中也有记载："正德元年（1506），总制陕西边务左副都御史杨一清建议大发丁夫，宁夏并西安等二十四卫所四万名，西安等七府五万名，共九万人，帮筑先年都御史徐廷璋等所修旧墙，高厚各二丈，墙上修盖暖铺九百间，用军四千五百人守之。挑浚旧堑，亦深阔各二丈。"[3]

固原镇为内长城，从防御角度来说，除西有黄河之外，几乎无险可守，而河冻则敌来，冬防十分困难。[4] 固原镇在弘治十四年的时候设镇，而长城在成化初年就有所建筑，《明史·王复传》中记载，成化初年，王复在给皇帝的奏疏中写道："自安边营接庆阳，自定边营接环州，每二十里筑墩台一，计凡三十有四。随形势为沟墙，庶息响相闻，易于守御。"在设镇后也有修筑长城，《九边图考》记载："弘治十五年（1502）秦襄毅总制三边，筑内边一条，自饶阳界起西至徐冰水三百里，自徐冰水起西至靖虏花儿岔止，长六百余里。"[5]

甘肃镇在河西走廊，在祁连山和龙首山之中。明朝自平定河西后就开始经营河西的防务，据《重修肃州新志》记载："明洪武五年（1372），宋国公冯胜将兵略定河西。甘肃镇即汉河西四郡地。明初，下河西，弃敦煌，划嘉峪关为界。由庄浪迤南三百余里为姑藏地，置镇番卫。又设甘州等五卫于张掖，肃州卫于酒泉，兰州卫于金城，皆屯兵拒守，全镇之地凡二千里。"[6] 长城的修筑主要集中于嘉靖、隆庆、万

1. 董耀会、吴德玉、张元华：《明长城考实》，南京：江苏凤凰科学技术出版社，2019年，第72页。
2. （明）胡汝砺编，（明）管律重修：《嘉靖宁夏新志》卷1，银川：宁夏人民出版社，1982年，第19页。
3. （明）王琼：《北虏事迹》，（明）袁褧主编：《金声玉振集》第11册，北京：中国书店，1959年，第18页。
4. 董耀会、吴德玉、张元华：《明长城考实》，南京：江苏凤凰科学技术出版社，2019年，第75页。
5. （明）程道生：《九边图考》之《固原》，武进：庄氏玉青馆，民国八年（1919）石印本，第49-50页。
6. 甘肃酒泉县博物馆：《重修肃州新志》，酒泉：甘肃酒泉县博物馆，1984年，第24页。

历年间,《明史·杨博传》记载:嘉靖二十五年(1546),杨博"超拜右佥都御史,巡抚甘肃。大兴屯利,请募民垦田,永不征租。又以暇修筑肃州榆林泉及甘州平川境外大芦泉诸处墩台"[1]。《重修肃州新志》中也有记载:"东、西、南、北四路,嘉峪关起镇夷千户所止,边墙、岸榨一万三千六百三十丈,计七十五里二百六十步,都御史廖逢节议题,隆庆六年(1572)修完。"[2]《肃镇志》中写道:"万历二年修完平川、三坝、孤儿山、平虏等墩起,帮接边墙长一千一百八十七丈。"[3]

明长城的修筑工程浩大,历时两百余年之久,一直在加筑巩固,才形成今天我们能见到的盘踞在崇山峻岭之间的雄伟长城。

1.(清)张廷玉:《明史》卷214《杨博传》,北京:中华书局,1974年,第5656页。

2. 甘肃酒泉县博物馆:《重修肃州新志》,酒泉:甘肃酒泉县博物馆,1984年,第215页。

3.(清)李德魁修:《肃镇志》卷3,台北:台湾成文出版社,1970年影印清顺治十四年(1657)本,第79页。

附录二

长城小贴士

一、长城名称的由来与变化

2000 多年来，中国各时期长城的修筑基本上都有记载，但各朝各代在修筑长城和记载长城时，所使用的名称多有不同，这些不同的名称，有的在同一历史时期互相通用，有的仅在某个历史时期或某个地域用过。

长城

长城之称始于春秋战国时期，是长城最通用的称谓。《史记·楚世家》载："齐宣王乘山岭之上，筑长城，东至海，西至济州，千余里，以备楚。"

方城

称长城建筑为方城，只在春秋时楚国用过。《汉书·地理志》载："叶，楚叶公邑，有长城，号方城。"

堑、长堑、城堑、墙堑

这几种称谓基本上相互通用，从战国直到明代几乎全都使用过。《史记·秦本纪》在记载秦简公六年沿洛水修筑长城时，就只用了"堑洛"两字。《北史·契丹传》载："契丹犯塞，文帝北讨至平州遂西趣长堑。"

塞、塞垣、塞围

在史书中用到塞字的地方很多，一般情况有两种意义：一是用以表示关口要隘。这些被称为塞的关隘，有的就在长城之上，有的则在离长城很远的地方。另一个意义是用以表示长城。如《史记·匈奴列传》载："汉遂取河南地，筑朔方，复缮秦时蒙恬所为塞，因河为固。"《后汉书·乌桓传》载："秦筑长城，汉起塞垣。"

长城塞、长城亭障、长城障塞

这是把长城同塞并在一起合称长城的一种表示形式。这种称谓在史书中也很常见，如司马迁《史记·蒙恬列传》中有："行观蒙恬所为秦筑长城亭障。"《晋书·唐彬列传》载："遂开拓旧境，却地千里，复秦长城塞。"杜佑《通典》古冀州条记载："密云县东北至长城障塞一百十里。"

壕堑、界壕

壕堑是长城建筑的一种形式，多指在不易筑墙的地方，挖有深广各若干丈的深沟，并将所挖取之土堆于沟的一侧，其防御作用同修筑墙体是一致的。界壕则是金代长城的专用词，除金之外，基本没有使用界壕一词来称长城的。

边墙、边垣

将长城称为边，主要是明朝。中国古代多将中原各地与东北、华北、西北、西南等地少数民族之间的地域，称为边地，明代则将在这一带地域修筑的长城称为边墙或边垣。如《明史·戚继光传》载："蓟镇边垣，延袤两千里。"《明史·兵志》载："请修宣、大边墙千余里。"

二、长城大事记

1961 年 3 月 4 日，长城被国务院公布为第一批全国重点文物保护单位。

1987 年 12 月，长城被列入世界文化遗产。

2020 年 11 月 26 日，国家文物局发布了第一批国家级长城重要点段名单。

三、长城科普问答

人人参与，人人爱护古长城：

学习、了解相关的长城知识、长城文化、长城历史、长城故事。走进长城，体会长城之美。

尊重相关的法律法规，没经相关部门允许不能擅自修补长城。

作为游客要树立维护长城、保护长城的意识，不要乱扔果皮纸屑，不要乱刻乱画。

作为长城附近的居民不允许非法利用长城，过度开发，影响长城周边的环境。

问："不到长城非好汉"出自哪里？

答：出自毛泽东于 1935 写的《清平乐·六盘山》，全诗为："天高云淡，望断南飞雁。不到长城非好汉，屈指行程二万。六盘山上高峰，红旗漫卷西风。今日长缨在手，何时缚住苍龙？"毛泽东还在《沁园春·雪》中写道："望长城内外，惟余莽莽；大河上下，顿失滔滔。"古往今来描写长城的诗句有许多，例如王维的《燕支行》中"誓辞甲第金门里，身作长城玉塞中"、王昌龄的《从军行》中"撩乱边愁听不尽，高高秋月照长城"等等。

问：长城有多长？

答：由于年代久远，早期各个朝代的长城大多数都残缺不全，保存得比较完整的是明代修建的长城，所以人们一般说的长城指的是明长城，所称长城的长度，也就是明长城的长度。2012年国家文物局公布：中国境内已认定的历代长城的总长度是21196.18千米。分布于北京、天津、河北、山西、内蒙古、辽宁、吉林、黑龙江、山东、河南、陕西、甘肃、青海、宁夏、新疆15个省、自治区、直辖市。

问：哪个朝代是修建长城最多的？

答：长城是中国也是世界上修建时间最长、工程量最大的一项工程。自西周时期便开始修建，但要数哪个朝代修筑长城最多，首先一定是秦朝，秦统一了天下后，开始连接和修缮长城，此后才有了"万里长城"。其次为汉朝，汉朝继续对长城进行修建，以抵御北方匈奴的侵袭。从汉文帝到汉宣帝，筑成了一条西起大宛贰师城东至鸭绿江北岸，全长近一万千米的长城。最后便是明朝，明代是中国修筑长城的第三个高峰，"高筑墙，广积粮，缓称王"是明初确定的三大国策，而"高筑墙"又居首位。自其建国第一年即派徐达筑城，直至清兵已经入关，山海关的工程尚未结束。明朝也成了历史上修建长城最频繁、时间跨度最长的王朝。

问：在月球上能看到长城吗？

答：关于长城，大多数人都听说过"长城是在月球上唯一可以用肉眼看到的建筑"。事实上，不仅在月球上看不到，即便是在大多数卫星和空间站所在的近地轨道上，长城也未必能被看到。2003年乘"神舟五号"飞船进入太空的中国首位航天员杨利伟也明确表示在太空中并没有看到长城。毕竟，尽管长城很长，但宽度甚至还不及一条双车道的普通马路。

问：有哪些重要的战役是在长城打的？

答：长城很少发生大规模的战役，对于游牧民族来说攻克长城十分不易。为数不多的重要战役大都发生在关口或长城沿线的城堡，比如1449年发生在土木堡的"土木之变"和1644年发生在九门口的"一片石之战"。在抗日战争期间，1933年的"长城保卫战役"和1937年的"南口战役""忻口战役"，则是近代以来长城上最重要的几次战役。

问：哪个省的长城最多？

答：长城最多的省份当数内蒙古了。内蒙古的长城资源占全国的近三分之一，其原因既有战国时期诸侯国之间的防御工程，又是中原和草原游牧民族对峙的关隘，其中很多是一种我们并不太熟悉的长城类型——金界壕，蒙古语称"和日木"，意为"墙"。金王朝劳民伤财兴建的金代最大的防御工程，并没有挡住蒙古铁骑的攻击。铁木真率领兵马在13世纪初期统一了蒙古高原各部，于1206年登上蒙古大汗的宝座，尊号为成吉思汗。成吉思汗亲率蒙古军攻克河北、山西等地，界壕的军事防御作用也就随之消失，逐渐变成一条断续不全的遗迹。

问：什么是"野长城"？

答：野长城的"野"，一般体现在两个方面：一是它们的保存状况比较残破，二是它们没有被开发为景区并对外开放。事实上，因为保存完整而成为景区的长城只占很小的一部分，所以可以说，绝大部分长城都是野长城。例如著名的箭扣长城。野长城虽美，但要做好防护措施，每年游客因为攀爬野长城而失去生命的事件时有发生。

问：为什么修长城？

答：现今呈现在我们眼前的长城修建原因并不唯一，最初的长城并不是秦始皇修建的，而是在春秋战国时期，各诸侯为了抵抗邻国或游牧民族的侵扰，这才纷纷开始修建长城。随着政权的更迭、经济的发展，长城也从开始的军事防御功能逐渐发展出了边境管理、贸易、税收等功能。随着时代的发展，长城的意义更多成为了一种艰苦勤奋、开拓进取的精神和中华民族凝聚力的象征。

问：山海关和嘉峪关是长城的起点和终点吗？

答：并不是的。至今在我国境内发现的长城遗迹，西至新疆西端，比嘉峪关还要往西约 2000 千米，东至鸭绿江西岸，比山海关还要往东 1000 千米。但如果单单考虑明代修建的长城，那么嘉峪关基本可以被理解为长城位于西边的终点，不过最东边应是丹东的虎山长城，而不是山海关。

问：长城是用什么建成的？

答：长城的建筑材料主要是土、石、木料、瓦件等。需用的土、石量很大，一般都就地取材。在高山峻岭的地方，就在山上开采石料，用石块砌筑。在平原黄土地带即就地取土，用土夯筑。在沙漠地区还采用了芦苇或红柳枝条层层铺砂的办法来修筑，如像今天还保存的新疆罗布泊与甘肃玉门关一带的汉长城就是这样修筑的。修筑的方法是铺一层芦苇或红柳枝条，上面铺一层砂石，砂石之上再铺一层芦苇或红柳枝条。这样层层铺筑，一直铺砌到五六米的高度，芦苇或柳枝的厚度约 5 厘米，砂石的厚度约 20 厘米。若修 5 米高的城墙就要铺到 20 层左右的芦苇柳枝和砂石。在东北的辽东长城还有用编柞木为墙、木板为墙的。充分说明了我国古代劳动人民采用因地制宜、就地取材的办法。除了这些主要材料，还会用到作为黏合剂的米浆、石灰，以及用于墙体表面处理的草泥灰等辅助材料。

问：长城就是一堵墙吗？

答：有古文记载："墙"，垣蔽也（即遮挡城的墙）；"城"，以盛民也（即墙里围起的城镇）。因此可以得出，长城是一套综合的多功能防御体系，而不仅仅是一堵墙。首先，长城的城墙不只有一堵，在山西境内的明长城从外至内就有 4 道城墙，而且，长城也不单单只有墙，从以边墙和城堡为代表的防御和屯兵系统，到以烽火台、驿道为代表的军情系统，再到以屯田、市场为代表的后勤保障系统，等等，这些复合在一起，才构成了完整的长城。

问：长城是由谁修建的？

答：长城建造工程一般由军民协力完成，其中"军"主要是长城周边驻扎的军兵，"民"则主要是征调或雇用的民夫。在明代，施工队伍中包括了泥水匠、石匠、砖窑匠、木匠等，在他们之上，还有催工、管工、监工、督工等人员负责分级管理。

问：长城可以个人修缮吗？

答：不可以的，个人的修缮行为会导致长城的"本色"被破坏。例如河北迁安白羊峪著名的大理石长城，就被经营者用今天的建筑技术整修起来，成了一座20世纪的建筑物。有的旅游区管理者觉得现存长城建筑不够壮观，就借着维修把它们改一改。因此，就有了拆掉了原有娘子关古朴的单层城楼，改建起华丽的双层城楼，原来的风貌和历史被切断和改变。有的地方把长城游览区按风景区标准建设。辽宁绥中管理的九门口景区建起了橡胶滚水坝，在长城城桥下面形成了一个常年有水的河道湖泊，水位的上升，造成长城脚下土地的松软，矗立在长城脚下几百年的石碑、石牌坊，在一个春天的日子里轰然倒塌了。

问："烽火台上起狼烟"中的'狼烟'指的是什么？

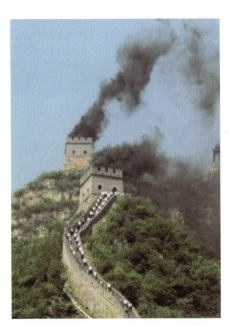

狼烟

答："狼烟"并不单单指狼粪，古代为了传递信号、通知军情，便在长城建造了烽火台。白天举烟，晚上放火，此为烽火。而"狼烟"一词在杜佑的《通典》中有这样的记载："置旗一口，鼓一面，弩两张，抛石、礌木、停水瓮、乾粮、麻蕴、火钻、火箭、蒿艾、狼粪、牛粪。"从中可以看出"狼烟"的原材料中狼粪占比很小。

问：长城如今的保存状况怎么样？

答：并不理想。在我国已知的21000多千米的长城中，只有约2000千米称得上"保存情况较好"，而约 6500 千米的长城在地面上已经看不到物质遗存了。越来越多的未被开发成景区的长城由于人为破坏、天气侵扰而消失，这种情况也引起了有关部门的注意，现在相关的保护条例已经出台。

问：世界上关于长城的第一部专著是什么？

答：1909 年，美国探险家威廉·埃德加·盖洛把从山海关出发从东到西徒步长城的经历写成了《中国长城》一书，这也是世界上第一部关于长城的专著。世界上的第一本长城地图则是明朝的《九边图论》。

问：长城现在都开发成景区了吗？

答：并没有。还有许多长城是没有被发现的，也有部分随着历史和自然侵蚀消逝了。被开发的景区有"天下九塞之一"的八达岭长城、"南控幽燕、北悍肃漠"之称的燕古长城、"城在山上走，水在城下流"的九门口长城，等等。

问：古代驻守长城主要使用哪些兵器？

答：驻守长城的兵器既有五花八门的冷兵器，也有形形色色的火器。冷兵器包括近战的刀枪、大棒，远程的弓箭、飞钩等，而士兵的铠甲、盾牌也更为精进。远程所使用的火器种类更多，威力大增，其中包括佛朗机等枪炮，甚至还有了用火炮发射的"炸弹"。明代之前，长城守军主要使用的是以长矛、弓弩为代表的冷兵器，而在明代则开始大规模使用火器。守城时，还会使用一些"非常规武器"，比如煮沸了的大便等。

问：现在由谁在管理长城？

答：为了避免个人私自修缮长城，根据《长城保护条例》，国务院文物主管部门应负责长城整体的保护管理工作，各地方政府及其文物主管部门则负责本区域内的长城保护和管理。对于已经开发为景区的长城段落，还会设有相关的旅游管理机构。

问：长城和丝绸之路有什么关系？

答：自张骞出使西域后，几千年来，中外友好使团频繁往来于张骞出使西域开辟的以长安为起点，经甘肃、新疆到中亚、西亚，并连接地中海各国的丝绸之路。

而为了确保西域交通的畅通，西汉政府先后设立了武威、酒泉、张掖、敦煌四郡和玉门、阳关两关，并在四郡北侧修筑了两条长城，东起黄河西岸，横贯河西走廊北境全线，烽燧向西还延伸到今天的罗布泊地区。从此，河西汉长城矗立在大漠、绿洲间，守望着丝绸之路，并以自己的关塞作为丝绸之路上的"服务区"。如今，大家耳熟能详的嘉峪关，则既是古代丝绸之路的交通要塞，也是明长城最西端的关口。由此可见，丝绸之路和长城有很多重合的部分。

问："孟姜女哭长城"哭倒的是哪段长城?

答：孟姜女传说故事背景设定在山海关，如今山海关附近有一望夫石村，还建有孟姜女庙，但孟姜女是虚构的民间传说，这些"故事遗迹"更像是后世附会的产物。另据调查研究，"孟姜女哭长城"也并非凭空捏造，而是有故事原型的，只不过这个原型——齐国大夫杞梁之妻哭夫的故事发生在战国时期的山东，和长城并没有什么关系。

问：长城会跨过河流吗?

答：正常来说长城的修筑大都是"遇水中断不接"，可正是因为九门口重要的地理位置，这段长城却并未"因河为塞"，反而在宽达 100 余米的河道上建起了一座万里长城中极为罕见的"水上长城"，既可以使长城保持连续，又能使河流正常流动。也正因为"水上长城"的独特性，被列为世界文化遗产，它就是广为人知的"水上长城"——辽宁省绥中县的九门口长城。

问：建长城需要多少块砖?

答：并不是长城都是由砖建造而成的，准确地说长城的建筑材料主要是砖和石头，还有木材、草料、石灰等等进行混合而成，但又有研究调查曾对明代包砖长城的耗砖量做过估算，得出的结论是：每 1 米的长城包砖，需要 6000 块左右的砖，如果考虑到敌台、烽火台等单体建筑，则需要 9000 块左右。

问：长城主要由几部分组成?

答：长城主要由墙身、烽燧、城堡、关城 4 部分组成。墙身是防御敌人的主要部分，其总厚度较宽，基础宽度均有 6.5 米，墙上地坪宽度平均也有 5.8 米，保证两辆辎重马车并行。烽燧是指长城体系中设置有大量烽燧（烽火台）作为情报传递系统，是一种古老但行之有效的消息传递方式。古代边防报警有两种信号，遇有敌情发生，白天放烟叫"烽"，夜间举火叫"燧"，台台相连，传递讯息。城堡则是按等级分为卫城、守御或千户所城和堡城，按防御体系和兵制要求配置在长城内侧，间有设于墙外者。而关城是万里长城防线上最为集中的防御据点。关城设置的位置至关重要，均是选择在有利防守的地形之处，以达到用极少的兵力抵御强大的入侵者的效果，古有"一夫当关，万夫莫开"的说法，更是形象生动地说明了关城的重要性。

问：女墙和城垛的作用是什么？

答："女墙"包含着窥视之义，是仿照女子"睥睨"之形态，在城墙上筑起的墙垛，所以后来便演变成一种建筑专用术语。女墙是指建在城墙顶部内外沿上的薄型挡墙。建在城顶内沿的女墙也称宇墙，建在城顶外沿的女墙也称垛墙。女墙用于城顶防护和御敌屏障，是古代城墙必备的传统防御建筑。城垛与女墙的作用并无二致。

问：什么是关隘和关城？

答：关隘指的是整个关隘构造，多由关口的方形或多边形城墙，加城门、城门楼、瓮城（罗城、月城）组成，有的还设有护城河。而关城则指的是古代城市城门外造一圈城墙为主城门。

瓮城

问：瓮城和月城有什么区别？

答：瓮城是古代城市主要防御设施之一。在城门外口加筑小城，高与大城相同，其形或圆或方。圆者似瓮，故称瓮城；方者亦称方城。瓮城设在侧面，从而增强了防御能力。目前发现较早的是高句丽国内城6个城门口所置瓮城。瓮城又称月城、曲池，是古代城池中依附于城门，与城墙连为一体的附属建筑，多呈半圆形，少数呈方形或矩形。当敌人攻入瓮城时，如将主城门和瓮城门关闭，守军即可对敌形成"瓮中捉鳖"之势。月城和瓮城是一个概念，只是有时因建筑形状似月而称月城。

问：拦水砖有什么作用？

答：在长城马道之上，每隔几米就竖起一道高出地面的砖，这就是拦水砖。拦水砖关外一侧高，关内一侧低，这样雨水很快就能从墙底下的排水孔流出马道，由于关内墙体大多是向阳的方向，这样雨水排出墙外后会很快风干，起到保护墙体的作用。

问：长城内侧的界石主要起什么作用？

答：起到后位掩护的作用。长城的"外侧"通常设置在面向敌人进攻一侧，离长城墙体较近，有些甚至就是长城的隘口，起到军事前哨的作用。而"内侧"则或有住兵，或有守兵，或有防御墙体，而界石构成了一条长城内侧的防线，起到后卫掩护的作用。

问：敌台有几层？

答：敌台跨墙而立。发生战争时，守城将士既可据敌台战斗又可进行瞭望或隐蔽兵力。敌台有空心、实心两种。大的敌台有3层：上层有可供观察、射击的雉堞，中层作为铳炮射台，下层有存放粮食、军械等战备物资的仓库，可容纳几十人甚至上百人战斗、休息；更多的是小敌台，四周有前眼、炮孔，可向外射击敌人，小敌台一般只能容纳七八人。

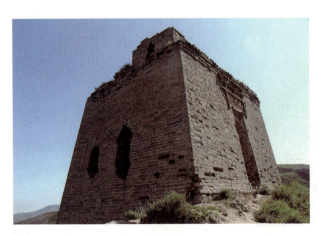

敌台

问：敌楼和烽火台有什么区别？

答：敌楼主要作用是防御，能驻军、屯粮、存放武器，观察敌情的同时，还有箭窗，能向外射击。同时，敌台可以充当一个墩台，传递烽火信息，需要的时候也可以当作烽火台使用。烽火台主要作用是传播信号。烽火台是为了防止敌人入侵而建造的，遇到敌情发生时，白天施烟、夜间点火、台台连线、传递消息，"骑候至甘泉，烽火通长安"便是烽火通信效率的写照。

问：其他国家有长城吗？

答：长城被西方世界称为"The Great Wall"，意为"伟大的墙"，这个词专指中国长城。但长城并不是中国独有的历史文化，世界上的其他国家也修建过长城。比如古罗马帝国所修、现今位于英国境内的哈德良长城以及萨珊王朝所修、现今位于伊朗境内的戈尔干长城等等。但长城精神是独属于中华儿女的。

问：保护长城需要注意哪些？

答：要强调"保护"是最终目的，工程的立项、勘测、设计以及具体施工至完工后的持续监测，应围绕着保护文物建筑的真实性、完整性并保存其携带所有历史信息这一目标。为此，工程各方必须遵循对文物最少干预的原则和不改变文物原状的原则。在文物保护过程中，应做好工程前期的勘测调研工作，仔细检查分析并研究文物的病害情况，制定全面准确的实施方案，以防止不合实际的主观臆断或凭经验简单下结论，避免因措施有无而对文物造成"保护"性损害。在文物建筑保护过程中，应充分尊重和维护文物建筑经过多次历史事件考验而维持至今的稳定、平衡状态，在进行维修的过程中，不宜改变原有的受力体系，扰动原结构的平衡状态并损伤原结构。在文物保护过程中，应首先选用保守疗法，即用传统方法、传统材料进行保护和维修。在文物建筑保护工程的勘察、设计中，应参考和酌情执行国家现行有关的技术条文，但不能简单或直接搬用套用。

四、中国长城学会简介

　　长城从公元前春秋战国开始修建，到清初才停止大规模修筑，历时 2000 多年。历代修建长城的总长度在 5 万千米以上，分布在新疆、甘肃、宁夏、内蒙古、陕西、山西、河北、北京、天津、辽宁等十几个省、直辖市、自治区。像这样雄伟壮丽的建筑，在世界工程史上也是绝无仅有的。1987 年，长城被联合国教育科学文化组织定为世界文化遗产。长城在军事、政治、经济、科学技术的发展、民族融合、文化交流等方面都产生过巨大影响。长城还是古代丝绸之路的屏障，对当时发展中原地区与中亚内陆的交通作出过重要贡献。近代以来，长城的军事防御作用已经消失。但是长城凝聚着中华民族自强不息的精神和坚强不屈的品格，寄托着中华民族团结奋进的意志，她作为中华民族巍然屹立于世界东方的象征，与世长存。长城，世界一大奇迹，中国古代的一项伟大工程，凝聚着中华民族的勤劳和智慧，是中华历史文明的标志，是人类历史文化的绚丽瑰宝。1979 年 7 月，在全国研究保护长城工作会议上，许多专家、学者和文物保护工作者一致呼吁成立一个全国性的长城工作机构。1984 年秋，在国家和各地有关部门以及群众团体的支持下，在全国各族人民、各界人士、海外华人、国际友好团体、友好人士的积极赞助下，"爱我中华，修我长城"的活动迅速地展开。在这一活动的推动下，中国长城学会经过两年多的筹备，于 1987 年 6 月 25 日在北京正式成立。中国长城学会以研究、保护、维修、宣传长城，弘扬以长城为象征的中华民族的伟大精神为宗旨。现为国家一级社团组织。

五、《长城保护条例》

第一条　为了加强对长城的保护，规范长城的利用行为，根据《中华人民共和国文物保护法》（以下简称文物保护法），制定本条例。

第二条　本条例所称长城，包括长城的墙体、城堡、关隘、烽火台、敌楼等。受本条例保护的长城段落，由国务院文物主管部门认定并公布。

第三条　长城保护应当贯彻文物工作方针，坚持科学规划、原状保护的原则。

第四条　国家对长城实行整体保护、分段管理。国务院文物主管部门负责长城整体保护工作，协调、解决长城保护中的重大问题，监督、检查长城所在地各地方的长城保护工作。长城所在地县级以上地方人民政府及其文物主管部门依照文物保护法、本条例和其他有关行政法规的规定，负责本行政区域内的长城保护工作。

第五条　长城所在地县级以上地方人民政府应当将长城保护经费纳入本级财政预算。国家鼓励公民、法人和其他组织通过捐赠等方式设立长城保护基金，专门用于长城保护。长城保护基金的募集、使用和管理，依照国家有关法律、行政法规的规定执行。

第六条　国家对长城保护实行专家咨询制度。制定长城保护总体规划、审批与长城有关的建设工程、决定与长城保护有关的其他重大事项，应当听取专家意见。

第七条　公民、法人和其他组织都有依法保护长城的义务。国家鼓励公民、法人和其他组织参与长城保护。

第八条　国务院文物主管部门、长城所在地县级以上地方人民政府及其文物主管部门应当对在长城保护中作出突出贡献的组织或者个人给予奖励。

第九条　长城所在地省、自治区、直辖市人民政府应当对本行政区域内的长城进行调查；对认为属于长城的段落，应当报国务院文物主管部门认定，并自认定之日起 1 年内依法核定公布为省级文物保护单位。本条例施行前已经认定为长城但尚未核定公布为全国重点文物保护单位或者省级文物保护单位的段落，应当自本条例施行之日起 1 年内依法核定公布为全国重点文物保护单位或者省级文物保护单位。

第十条　国家实行长城保护总体规划制度。国务院文物主管部门会同国务院有关部门，根据文物保护法的规定和长城保护的实际需要，制定长城保护总体规划，报国务院批准后组织实施。长城保护总体规划应当明确长城的保护标准和保护重点，分类确定保护措施，并确定禁止在保护范围内进行工程建设的长城段落。长城所在地县级以上地方人民政府制定本行政区域的国民经济和社会发展计划、土地利用总体规划和城乡规划，应当落实长城保护总体规划规定的保护措施。

第十一条　长城所在地省、自治区、直辖市人民政府应当按照长城保护总体规划的要求，划定本行政区域内长城的保护范围和建设控制地带，并予以公布。省、自治区、直辖市人民政府文物主管部门应当将公布的保护范围和建设控制地带报国务院文物主管部门备案。

第十二条　任何单位或者个人不得在长城保护总体规划禁止工程建设的保护范围内进行工程建设。在建设控制地带或者长城保护总体规划未禁止工程建设的保护范围内进行工程建设，应当遵守文物保护法第十七条、第十八条的规定。进行工程建设应当绕过长城。无法绕过的，应当采取挖掘地下通道的方式通过长城；无法挖掘地下通道的，应当采取架设桥梁的方式通过长城。任何单位或者个人进行工程建设，不得拆除、穿越、迁移长城。

第十三条　长城所在地省、自治区、直辖市人民政府应当在长城沿线的交通路口和其他需要提示公众的地段设立长城保护标志。设立长城保护标志不得对长城造成损坏。长城保护标志应当载明长城段落的名称、修筑年代、保护范围、建设控制地带和保护机构。

第十四条　长城所在地省、自治区、直辖市人民政府应当建立本行政区域内的长城档案，其文物主管部门应当将长城档案报国务院文物主管部门备案。国务院文物主管部门应当建立全国的长城档案。

第十五条　长城所在地省、自治区、直辖市人民政府应当为本行政区域内的长城段落确定保护机构；长城段落有利用单位的，该利用单位可以确定为保护机构。保护机构应当对其所负责保护的长城段落进行日常维护和监测，并建立日志；发现安全隐患，应当立即采取控制措施，并及时向县级人民政府文物主管部门报告。

第十六条　地处偏远、没有利用单位的长城段落，所在地县级人民政府或者其文物主管部门可以聘请长城保护员对长城进行巡查、看护，并对长城保护员给予适当补助。

第十七条　长城段落为行政区域边界的，其毗邻的县级以上地方人民政府应当定期召开由相关部门参加的联席会议，研究解决长城保护中的重大问题。

第十八条　禁止在长城上从事下列活动：

（一）取土、取砖（石）或者种植作物；

（二）刻划、涂污；

（三）架设、安装与长城保护无关的设施、设备；

（四）驾驶交通工具，或者利用交通工具等跨越长城；

（五）展示可能损坏长城的器具；

（六）有组织地在未辟为参观游览区的长城段落举行活动；

（七）文物保护法禁止的其他活动。

第十九条　将长城段落辟为参观游览区，应当坚持科学规划、原状保护的原则，并应当具备下列条件：

（一）该长城段落的安全状况适宜公众参观游览；

（二）该长城段落有明确的保护机构，已依法划定保护范围、建设控制地带，并已建立保护标志、档案；

（三）符合长城保护总体规划的要求。

第二十条　将长城段落辟为参观游览区，应当自辟为参观游览区之日起 5 日内向所在地省、自治区、直辖市人民政府文物主管部门备案；长城段落属于全国重点文物保护单位的，应当自辟为参观游览区之日起 5 日内向国务院文物主管部门备案。备案材料应当包括参观游览区的旅游容量指标。所在地省、自治区、直辖市人民政府文物主管部门和国务院文物主管部门，应当自收到备案材料之日起 20 日内按照职权划分核定参观游览区的旅游容量指标。

第二十一条　在参观游览区内举行活动，其人数不得超过核定的旅游容量指标。在参观游览区内设置服务项目，应当符合长城保护总体规划的要求。

第二十二条　任何单位或者个人发现长城遭受损坏向保护机构或者所在地县级人民政府文物主管部门报告的，接到报告的保护机构或者县级人民政府文物主管部门应当立即采取控制措施，并向县级人民政府和上一级人民政府文物主管部门报告。

第二十三条　对长城进行修缮，应当依照文物保护法的规定办理审批手续，由依法取得文物保护工程资质证书的单位承担。长城的修缮，应当遵守不改变原状的原则。长城段落已经损毁的，应当实施遗址保护，不得在原址重建。长城段落因人为原因造成损坏的，其修缮费用由造成损坏的单位或者个人承担。

第二十四条　违反本条例规定，造成长城损毁，构成犯罪的，依法追究刑事责任；尚不构成犯罪，违反有关治安管理的法律规定的，由公安机关依法给予治安处罚。

第二十五条　违反本条例规定，有下列情形之一的，依照文物保护法第六十六条的规定责令改正，造成严重后果的，处 5 万元以上 50 万元以下的罚款；情节严重的，由原发证机关吊销资质证书：

（一）在禁止工程建设的长城段落的保护范围内进行工程建设的；

（二）在长城的保护范围或者建设控制地带内进行工程建设，未依法报批的；

（三）未采取本条例规定的方式进行工程建设，或者因工程建设拆除、穿越、迁移长城的。

第二十六条　将不符合本条例规定条件的长城段落辟为参观游览区的，由省级以上人民政府文物主管部门按照职权划分依法取缔，没收违法所得；造成长城损坏的，处5万元以上50万元以下的罚款。将长城段落辟为参观游览区未按照本条例规定备案的，由省级以上人民政府文物主管部门按照职权划分责令限期改正，逾期不改正的，依照前款规定处罚。在参观游览区内设置的服务项目不符合长城保护总体规划要求的，由县级人民政府文物主管部门责令改正，没收违法所得。

第二十七条　违反本条例规定，有下列情形之一的，由县级人民政府文物主管部门责令改正，造成严重后果的，对个人处1万元以上5万元以下的罚款，对单位处5万元以上50万元以下的罚款：

（一）在长城上架设、安装与长城保护无关的设施、设备的；

（二）在长城上驾驶交通工具，或者利用交通工具等跨越长城的；

（三）在长城上展示可能损坏长城的器具的；

（四）在参观游览区接待游客超过旅游容量指标的。

第二十八条　违反本条例规定，有下列情形之一的，由县级人民政府文物主管部门责令改正，给予警告；情节严重的，对个人并处1000元以上5000元以下的罚款，对单位并处1万元以上5万元以下的罚款：

（一）在长城上取土、取砖（石）或者种植作物的；

（二）有组织地在未辟为参观游览区的长城段落举行活动的。

第二十九条　行政机关有下列情形之一的，由上级行政机关责令改正，通报批评；对负有责任的主管人员和其他直接责任人员，依照文物保护法第七十六条的规定给予行政处分；情节严重的，依法开除公职：

（一）未依照本条例的规定，确定保护机构、划定保护范围或者建设控制地带、设立保护标志或者建立档案的；

（二）发现不符合条件的长城段落辟为参观游览区未依法查处的；

（三）有其他滥用职权、玩忽职守行为，造成长城损坏的。

第三十条　保护机构有下列情形之一的，由长城所在地省、自治区、直辖市人民政府文物主管部门责令改正，对负有责任的主管人员和其他直接责任人员依法给予行政处分；情节严重的，依法开除公职：

（一）未对长城进行日常维护、监测或者未建立日志的；

（二）发现长城存在安全隐患，未采取控制措施或者未及时报告的。

第三十一条　本条例自 2006 年 12 月 1 日起施行。

中华人民共和国国务院令 476 号

《长城保护条例》已经 2006 年 9 月 20 日国务院第 150 次常务会议通过，现予公布，自 2006 年 12 月 1 日起施行。

二〇〇六年十月十一日

六、《保护长城倡议书》

世界文化遗产——长城，是中国人的自豪和骄傲，是中华民族精神和人民军队军魂的伟大象征，是人类文明发展史上的辉煌奇迹。然而万里长城的现状却令人担忧！据中国长城学会调查，目前明长城有较好墙体的部分不到 20%，有明显可见遗迹部分不到 30%，墙体和遗址总量不超过 5000 华里。保护长城这一举世闻名的世界文化遗产，已经到了刻不容缓的时候。

长城绵延万里，工程宏伟，作为世界上最大的文物，保护难度也非常大。从长城遭受破坏的实际情况看，既有自然的因素，更有人为的原因。由于有些地方政府重视不够，保护工作缺乏足够的法律支持，人们的长城保护意识不够强，以及保护资金和人员不足等因素，使长城的研究和保护受到很大影响。面对那一幅幅面目全非、残破不堪的长城画面，每一个爱祖国、爱民族的中国人，都不能不痛心疾首，焦虑万分。

作为共和国的开创人，国家主权的捍卫者和"钢铁长城"的浇铸人，军队老干部对长城有着更深刻的理解。"起来，不愿做奴隶的人们，用我们的血肉筑成我们新的长城……"一首雄壮昂扬的《义勇军进行曲》将跨越时空，永远回荡在一代代中国老军人的心中。

二十年前，邓小平写下"爱我中华，修我长城"的题词，曾激发无数海内外华人保护长城的赤子热情，掀开了具有历史意义的中国长城文化保护事业的新一页。今天，我们以中国老军人的身份，呼吁全社会都来关注万里长城的今天和未来，推动长城的保护与研究。长城是中国的，更是全世界的。让我们携起手来，从爱护长城的一砖一石、一草一木做起，为长城保护事业捧上一份爱心，献出一片真情！

倡议保护长城的 828 名军队老干部

二○○四年七月

参考文献

[1] 冯永谦. 东北古代长城考古调查与研究 [M]. 沈阳：辽宁教育出版社，2022.

[2] 董耀会，吴德玉，张元华. 明长城考实 [M]. 南京：江苏凤凰科学技术出版社，2019.

[3] 李严，张玉坤，解丹. 明长城九边重镇防御体系与军事聚落 [M]. 北京：中国建筑工业出版社，2017.

[4] 魏琰琰，张玉坤，王琳峰. 明长城辽东镇防御体系与军事聚落 [M]. 北京：中国建筑工业出版社，2017.

[5] 李少文，梁嵘. 明长城通览 [M]. 北京：清华大学出版社，2015.

[6] 朱乃正，等. 化境长城外 [M]. 沈阳：辽宁美术出版社，2014.

[7] 何宝善. 明实录长城史料 [M]. 北京：北京燕山出版社，2014.

[8] 周小棣，等. 负山阻海 地险而要：明长城防御体系之辽东镇卫所城市 [M]. 南京：东南大学出版社，2014.

[9] 张志军. 明实录长城资料辑录 [M]. 银川：宁夏人民出版社，2013.

[10] 宋存洋. 长城 [M]. 合肥：黄山书社，2012.

[11] 国家文物局. 明长城 [M]. 北京：文物出版社，2012.

[12] 辽宁省文物局. 辽宁省明长城资源调查报告 [M]. 北京：文物出版社，2011.

[13] 景爱. 长城 [M]. 北京：学苑出版社，2008.

[14] 景爱. 中国长城史 [M]. 上海：上海人民出版社，2006.

[15] 董耀会. 长城 [M]. 北京：中国水利水电出版社，2004.

[16] 杨旸，杨洪友，柳岚，等．明代东北疆域研究[M]．长春：吉林人民出版社，2002．

[17] 顾颉刚，史念海．中国疆域沿革史[M]．北京：商务印书馆，1999．

[18] 罗哲文．长城[M]．北京：北京美术摄影出版社，1999．

[19] 翁一．长城梦[M]．南昌：江西美术出版社、百花洲文艺出版社，1998．

[20] 李健才，刘素云．东北地区燕秦汉长城和郡县城的调查研究[M]．长春：吉林文史出版社，1997．

[21] 刘谦．明辽东镇长城及防御考[M]．北京：文物出版社，1989．

[22] 冯永谦，何溥滢．辽宁古长城[M]．沈阳：辽宁人民出版社，1986．

[23] 谭其骧．中国历史地图集[M]．北京：中国地图出版社，1982．

[24] 杨树森．清代柳条边[M]．沈阳：辽宁人民出版社，1978．

[25] 潘承彬．明代之辽东边墙[M]．北京：中华书局，1936．

[26] [美] 威廉·埃德加·盖洛．中国长城[M]．济南：山东画报出版社，2002．

[27] [美] 阿瑟·沃尔德隆．长城：从历史到神话[M]．南京：江苏教育出版社，2008．

[28] 辽宁省长城学会：《辽宁长城》，辽出临图字〔1996〕第63号。

后记
Postscript

做长城精神的承载者与传播者

在长城沿线 15 个省（自治区、直辖市）中，辽宁省长城资源点段数量位居全国第五位。2021 年 11 月，辽宁省完成并对外发布了《长城国家文化公园（辽宁段）建设保护规划》，全省 13 个具有长城遗址的地级市开始有计划地修建各具特色的长城国家文化公园——绥中长城博物馆、丹东东北亚边疆历史文化博物馆、瑷河和虎山长城文化旅游复合廊道、赫甸城城址遗址遗迹保护、"宽甸六堡"展览馆、瑷阳城遗址展示等相继开工，到 2023 年年底，丹东段、绥中段、兴城段、建平段、锦州段等全省 5 个重点区段将基本完成主要建设任务。到 2035 年，长城国家文化公园（辽宁段）将成为彰显中华文化的重要地标，成为展示长城文化、传承长城精神的重要载体。

长城文化的核心意义当然不仅仅是物质的长城，更是精神的长城。对古人来说，长城是防御入侵的物质防线和精神防线；在近代，长城已经是中华民族的象征。每当中华民族到了最危险的时候，国歌《义勇军进行曲》都会号召我们挺身而出，团结一致，共御外侮，共同唱响"起来，不愿做奴隶的人们，把我们的血肉筑成我们新的长城"。因为长城文化的核心是和平，长城是为了保卫和平而建的，长城象征着中华民族的自立、自卫、自强、自信，早已经是中华民族坚韧不拔的精神载体，体现的是中华民族勤劳勇敢、自强不息的民族精神和吃苦耐劳、顽强坚毅的民族风骨。

巍巍长城，自古以来就是中华民族文化自信、守望和平的精神家园，每一个中国人都应是长城精神的承载者、传播者。2022年9月，经渤海大学批准，新闻与传播学院筹备成立了一个公益性的长城文化保护、长城精神传播组织——辽宁大学生长城文化志愿者协会，一群满怀热情的大学生和长城文保人士，以史料研究、媒体宣传、志愿保护等形式，正在通过短视频宣传长城文化、图文讲述长城故事、全媒体直播长城保护等方式，协助省市文旅部门在保护辽宁长城遗址、传播长城精神、普及长城文化等方面发挥着积极作用。